« Je suis pharmacien communautaire et dans ce domaine, personne ne songerait à nier que la réussite d'une entreprise repose sur trois facteurs essentiels : la proximité, la proximité et la proximité. Un gestionnaire aura beau avoir une foule d'autres qualités, s'il ne vise pas la proximité, le succès ne sera pas au rendez-vous. C'est indéniable!

Je me permettrai d'entrée de jeu d'établir un parallèle avec le secteur des services financiers, dont Marc Bérubé est devenu à bien des égards un chef de file. J'estime que dans ce champ de compétence, les trois facteurs déterminants sont la confiance, la confiance et la confiance. Rien n'importe davantage que la solidité de ce lien.

Or, cette confiance, Marc l'a manifestée dès notre premier contact et jamais elle ne s'est démentie par la suite dans ses gestes, aussi bien lorsqu'il se penche sur mon dossier que lorsqu'il assure la croissance de son cabinet. Puisque notre collaboration remonte au tout début de sa carrière, j'ai été parmi les premiers témoins de son évolution et de son succès. Dans un domaine qui compte beaucoup d'appelés et peu d'élus, nul doute que Marc se trouve au nombre des privilégiés.

Mais en matière de réussite, il n'est pas tout de se hisser au sommet : encore faut-il s'y maintenir! Et je ne doute pas que Marc y parvienne parce qu'il ne cesse de s'employer à améliorer ses stratégies financières pour mieux répondre aux besoins de ses clients. Qui plus est, il n'hésite pas à s'entourer de spécialistes qui l'appuient dans son travail. Marc est ainsi en mesure de proposer une vaste gamme de services de consultation et de miser sur le soutien de partenaires experts en vue de satisfaire pleinement ses clients, y compris ceux dont les besoins sont très particuliers.

Tout se résume en somme à la confiance – et aux nombreux défis qui s'y rattachent. Parions que Marc poursuivra son parcours et qu'il continuera de relever brillamment ces défis durant bien des années encore! »

—*Dominic Fournier*, pharmacien et propriétaire de pharmacies

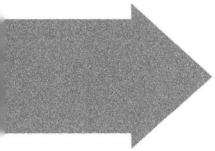 JUSQU'AU
 BOUT
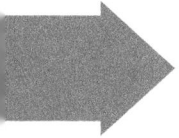

MARC BÉRUBÉ

JUSQU'AU

BOUT

STRATÉGIES FINANCIÈRES À
FAIBLES RISQUES POUR CONSERVER
ET ACCROÎTRE VOTRE PATRIMOINE

Advantage®

Publié par Advantage, Charleston, Caroline du Sud
Membre d'Advantage Media Group

ADVANTAGE est une marque de commerce déposée, et l'achevé d'imprimer Advantage, une marque déposée d'Advantage Media Group, Inc.

Imprimé aux États-Unis d'Amérique

ISBN : 978-1-64225-007-7

Conception de la couverture : Katie Biondo
Traduction : France Gladu

La présente publication a pour but de fournir des renseignements exacts et faisant autorité sur le sujet traité. Il est entendu que sa vente n'entraîne, de la part de l'éditeur, aucune obligation quant à la prestation de services juridiques, comptables ou professionnels, quels qu'ils soient. Si une consultation juridique ou des conseils d'experts se révèlent nécessaires, prière de s'adresser aux professionnels compétents.

Avis de non-responsabilité : Les idées et les stratégies présentées dans cet ouvrage le sont à titre de renseignement seulement et ne constituent nullement des conseils financiers réels. Ces stratégies sont fondées sur les lois qui régissaient le secteur des assurances au Canada au moment de la rédaction de ces pages. Ces lois peuvent faire l'objet de changements. Veuillez communiquer avec votre conseiller en sécurité financière pour obtenir des renseignements précis sur la façon de mettre en œuvre les idées et les stratégies proposées ici.

Advantage Media Group est fier d'adhérer au programme Tree Neutral®. Tree Neutral neutralise la consommation d'arbres ayant été nécessaires à la production et à l'impression du présent ouvrage par la prise de mesures dynamiques, dont la plantation d'un nombre d'arbres égal à celui que requiert la réalisation des livres. Pour obtenir de plus amples renseignements sur Tree Neutral, consultez le site www.treeneutral.com.

Advantage Media Group se spécialise dans la publication d'ouvrages sur le secteur des affaires, l'autoamélioration et le perfectionnement professionnel. Nous aidons les propriétaires et les chefs d'entreprises, ainsi que les professionnels, à partager leurs récits, leurs passions et leurs connaissances afin de contribuer à l'apprentissage et à la croissance d'autres personnes. Vous souhaitez nous soumettre un manuscrit ou une idée de livre en vue d'une éventuelle publication? Nous vous invitons à visiter le site advantagefamily.com ou à nous téléphoner au numéro suivant : 1-866 775-1696.

À ma famille, qui m'a soutenu pour le meilleur et pour le pire.

TABLE OF CONTENTS

AVANT-PROPOS..............................xi

QUELQUES MOTS SUR L'AUTEUR xv

INTRODUCTION 1
JUSQU'AU BOUT

SECTION UN
STRATÉGIES DE PLANIFICATION FINANCIÈRE À L'INTENTION DES JEUNES PROFESSIONNELS

CHAPITRE 1.................................13
ENTRER DANS LA COURSE

CHAPITRE 2.................................21
S'ENTRAÎNER EN VUE DU MARATHON

SECTION DEUX
STRATÉGIES DE PLANIFICATION FINANCIÈRE À L'INTENTION DES PROPRIÉTAIRES D'ENTREPRISES PROSPÈRES

CHAPITRE 3.................................57
ENTRER DANS LES LIGUES MAJEURES

CHAPITRE 4.................................63
SUR LA LIGNE DE DÉPART
L'IMPORTANCE DE L'ÉVALUATION FINANCIÈRE

CHAPITRE 5.................................75
RÉALISER UNE ACCÉLÉRATION
STRATÉGIES DE PLACEMENT FISCALEMENT AVANTAGEUSES

CHAPITRE 6 85

PARER AUX IMPRÉVUS

*STRATÉGIES PERMETTANT D'ASSURER LA POURSUITE
DES ACTIVITÉS ADVENANT UNE INVALIDITÉ,
UNE MALADIE GRAVE OU UN DÉCÈS*

CHAPITRE 7 101

SURMONTER LES OBSTACLES

STRATÉGIES PERMETTANT DE PROTÉGER LE PERSONNEL CLÉ

CHAPITRE 8 113

FRANCHIR LA LIGNE D'ARRIVÉE

STRATÉGIES PERMETTANT DE PLANIFIER SA RETRAITE

CHAPITRE 9 121

PASSER LE TÉMOIN

*STRATÉGIES PERMETTANT D'ASSURER
LA RELÈVE DE L'ENTREPRISE*

CHAPITRE 10 133

EN COMPLÉMENT

STRATÉGIES RELATIVES AU DON PLANIFIÉ

CONCLUSION 137

GAGNER LA COURSE

AVANT-PROPOS

Mes responsabilités de directeur du développement commercial m'ont amené, en 1999, à faire la connaissance d'un jeune homme charismatique rempli d'enthousiasme et d'énergie. Une rencontre qui s'est révélée déterminante.

Sa formation d'athlète témoignait déjà de sa détermination, de sa rigueur et de son ambition.

Il savait en outre établir des contacts et maintenir des relations avec une aisance et une authenticité remarquables.

De plus, ses études en génie minier l'avaient préparé à éviter ou à résoudre les problèmes éventuels en élaborant des plans afin de réduire à court, à moyen et à long terme les risques liés à l'exploitation d'une mine.

Voilà exactement ce à quoi il s'emploie aujourd'hui dans le domaine de la planification de la sécurité financière.

La passion qui pousse Marc à mener les gens vers une meilleure santé financière lui a valu une réussite formidable dès les premières années de sa carrière.

En 2002, son parcours professionnel l'amène à fonder Coaching Financier Trek, une société de services financiers. Cette initiative avant-gardiste pour l'époque lui permet de mettre en œuvre sa vision et ses approches innovatrices en matière de résolution de problèmes et de protection du patrimoine et de l'héritage à l'intention de ses clients.

Marc sait pertinemment qu'il ne faut que quelques secondes pour remporter un sprint, mais que les inévitables embûches de la vie nécessitent en revanche une préparation minutieuse. Car il s'agit d'un long parcours… bien souvent comparable à un trek.

Au cours des années suivantes, cette philosophie qui consiste à accompagner le client tout au long de sa vie financière amène Marc à se redéfinir et à chercher des partenaires qui partagent ses valeurs et ses objectifs. Depuis, plusieurs associés se sont d'ailleurs joints à son équipe.

À la lecture du présent ouvrage, chacun se familiarisera avec les stratégies innovatrices et la résolution de problèmes non traditionnelle. Chez Coaching Financier Trek, on a pour ultime objectif d'optimiser toutes les stratégies financières. Comment? En reconnaissant les produits d'assurance qui souvent passent inaperçus et en établissant un processus financier qui tend toujours à favoriser la tranquillité d'esprit du client.

Je suis chaque jour témoin des efforts que déploient Marc et les membres de son équipe pour vulgariser les diverses stratégies décrites dans ces lignes, ainsi que de la passion avec laquelle ils aident leurs clients à atteindre la réussite.

Si vous êtes de ceux qui cheminent vers la santé financière, puisse cette lecture vous convaincre de prendre le temps d'arrêter, de réfléchir, d'écouter, de solliciter de l'aide et de vous entourer de l'équipe qui vous mènera à bon port.

Cet ouvrage, j'ose l'espérer, vous encouragera à élaborer des stratégies grâce auxquelles vous réaliserez vos rêves et vos objectifs plus efficacement et en toute confiance.

Bonne lecture!

—*Réal Veilleux*

QUELQUES MOTS SUR L'AUTEUR

Marc Bérubé dirige Coaching Financier Trek, un cabinet de services financiers établi à Montréal. L'entreprise recourt à des stratégies uniques faisant appel à divers produits d'assurance et de rente en vue de protéger et de faire fructifier le patrimoine de ses clients.

Marc Bérubé a amorcé sa carrière de conseiller en sécurité financière au sein de la London Life en 1999, puis fondé la société Coaching Financier Trek en 2002. Son équipe se compose aujourd'hui de vingt-cinq spécialistes qui s'emploient à aider les professionnels autonomes et les propriétaires d'entreprises à se préparer financièrement à concrétiser leurs rêves.

La perspective innovatrice qu'adopte Marc Bérubé en matière de sécurité financière en fait un conférencier particulièrement sollicité partout au Québec. Les groupes professionnels et les étudiants des universités des diverses régions de la province l'invitent fréquemment à partager avec eux sa passion et sa vision de la réussite.

Marc Bérubé est membre à vie de la prestigieuse Table ronde des millionnaires (mieux connue sous le nom de la Million Dollar Round Table ou de son acronyme, MDRT), une association indépendante de calibre international formée de plus de 42 000 professionnels. Ces chefs de file du milieu de l'assurance-vie et des services financiers sont issus de quelque 470 sociétés implantées dans 71 pays. Les membres de la MDRT doivent faire montre de connaissances professionnelles exceptionnelles, d'un comportement éthique rigoureux, et offrir à leurs clients un service hors-pair. Marc Bérubé est également membre de la section Court of the Table de la MDRT et siège actuellement au Membership Communication Committee (MCC) à titre de représentant du Québec. En 2015, il a eu l'honneur d'être conférencier invité à l'assemblée annuelle de la MDRT, tenue à la Nouvelle-Orléans, en Louisiane.

Il a également présenté plusieurs allocutions devant le Club du président des nouveaux conseillers de la Financière Liberté 55.

Originaire de Val-d'Or, au Québec, Marc Bérubé est titulaire d'un baccalauréat en ingénierie de Polytechnique Montréal. Au cours de sa jeunesse, il s'est illustré en athlétisme au pays et sur la scène internationale en établissant un record canadien au 4 x 200 mètres et un record québécois au 4 x 400 mètres. À 18 ans, il s'est classé parmi les huit meilleurs sprinteurs juniors canadiens.

Cette passion pour l'athlétisme l'a d'ailleurs poussé à continuer de courir une fois devenu adulte. Depuis quelques années, il s'entraîne pour l'ultramarathon, une course qui dépasse en longueur le marathon traditionnel de 42,195 kilomètres. Il prend ainsi part à la course Leona Divide de 50 km, puis à un ultramarathon de 70 km dans l'Ouest canadien à l'occasion duquel il amasse des fonds pour la Fondation SLA, en hommage à un collègue atteint de la maladie de Lou Gehrig.

Marc Bérubé joue un rôle actif au sein de la Fondation des étoiles et de la Fondation des maladies du cœur du Québec, des causes qui lui sont chères.

Si vous souhaitez en apprendre davantage sur l'approche unique qu'il utilise pour protéger et faire fructifier le patrimoine, ou retenir ses services en qualité d'orateur principal dans le cadre d'un événement à venir, veuillez communiquer avec lui au moyen des coordonnées suivantes :

COACHING FINANCIER TREK

4020, rue Louis-B. Mayer, bureau 308

Laval (Québec) H7P 0J1

Canada

514-334-8701 (téléphone)

877-334-8701 (sans frais)

coachingtrek.com

info@coachingtrek.com

JUSQU'AU BOUT

L orsque je revois les moments les plus exaltants de ma vie, mes premières foulées sur la piste de l'Université Brigham Young, à Provo, en Utah, me reviennent tout de suite à l'esprit. Richard Crevier, l'un des spécialistes de sprints et haies les plus respectés au Canada, m'avait cette année-là invité à participer aux essais de l'équipe canadienne d'athlétisme qui se tenaient à Provo. Des décennies consacrées à l'entraînement d'équipes d'athlétisme masculines et féminines ont valu à Richard une renommée international et en qualité d'entraîneur, il a participé à de nombreuses compétitions, dont les Championnats du monde d'athlétisme, les Jeux olympiques, les Jeux mondiaux universitaires et les Jeux de la francophonie. Évoluer dans l'entourage d'une telle personnalité allait transformer la vie du garçon de dix-sept ans que j'étais.

Si je ne me suis pas qualifié au cours de ces essais, le seul fait de participer à un aussi formidable événement m'a poussé encore davantage à vouloir devenir un sprinteur de calibre mondial. De retour au Québec, je me suis inscrit à l'Université de Sherbrooke, située à quelque 150 km de Montréal, et j'ai poursuivi mon entraînement avec Richard Crevier tout en travaillant à l'obtention d'un baccalauréat en éducation physique. Le sprinteur en moi avait toujours en tête la prochaine course, la prochaine victoire, le désir d'établir le nouveau record. Ma détermination a d'ailleurs porté ses fruits… pendant un certain temps.

J'appartenais alors à une équipe junior qui participait fréquemment à des compétitions provinciales, nationales et internationales. Au championnat canadien junior, j'ai terminé huitième au 100 mètres et mon équipe a battu au 4 x 200 mètres le record canadien établi depuis dix-huit ans (au moment où je rédige ces lignes, le record de mon équipe demeure inégalé à l'échelle provinciale). Nous détenions en outre le record québécois aux 4 x 400 mètres. En 2011, après avoir assisté à une présentation du coureur de fond Ray Zehab à Calgary, je me suis mis à m'entraîner à l'ultramarathon. En 2012, j'ai participé à un ultramarathon de 50 km en Californie, puis à un second de 70 km, lequel m'a permis d'amasser 25 000 $ pour la Fondation SLA en hommage à un collègue atteint de la maladie de Lou Gehrig.

Mes heures de gloire à titre d'athlète junior ne tardent cependant pas à prendre fin. En raison de blessures récurrentes, je me trouve finalement relégué en marge du sport que j'aime. Une fois l'année universitaire terminée, je regagne ma ville natale afin de réévaluer mes objectifs de carrière et mes choix de vie. Impatient de me jeter de nouveau dans la mêlée et de faire partie d'une équipe gagnante, je ne dispose pourtant d'aucun plan qui me permettrait d'atteindre ce but.

J'ai grandi à Val-d'Or, une petite ville de la région de l'Abitibi-Témiscamingue située dans la partie sud-ouest du Québec, près de la réserve faunique La Vérendrye. Val-d'Or est bien sûr une ville minière – on y trouve de l'or, du zinc, du plomb, du cuivre –, mais ses vastes parcs et ses forêts luxuriantes ravissent également les touristes. J'y passe encore une année, à travailler dans un gymnase, à me remettre de mes blessures et à discuter avec ma famille et mes amis tout en m'efforçant de donner une nouvelle orientation à ma vie. En repensant à mon avenir, je me rends compte rapidement que l'enseignement de l'éducation physique ne correspond plus à ce que je désire faire. Je décide alors d'étudier en génie minier. Je pourrai ainsi demeurer à Val-d'Or, où je compte bien passer le reste de mon existence.

En 1998, j'obtiens mon baccalauréat en génie de Polytechnique Montréal. Mais lorsque vient pour moi le moment de rentrer à Val-d'Or, le secteur minier se trouve en plein marasme. Le prix de l'or a chuté à environ 275 $ l'once (il se situe aujourd'hui à 1 200 $ ou 1 300 $ l'once) et les mines n'embauchent plus. Cette fois encore, mes projets d'avenir dérapent. Alors que je réfléchis à la meilleure voie à emprunter, je prends conscience d'un fait nouveau : je suis tombé amoureux de la métropole et je ne veux plus la quitter. Montréal me passionne et je n'en repartirai pas de sitôt.

À peine l'encre de mon diplôme d'ingénieur a-t-elle séché, que me voilà de nouveau en train de revoir mes choix de carrière! Sylvain Rioux, un bon ami de mes jeunes années à Val-d'Or, me suggère d'envisager la possibilité de travailler avec lui à la London Life, Compagnie d'assurance-vie, à Montréal. Diplômé en administration des affaires, Sylvain est entré à la London Life il y a environ un an et il est persuadé que cette carrière me conviendrait. Évidemment, je refuse catégoriquement à plusieurs reprises. Je lui répète que je suis ingénieur et qu'il est hors de question pour moi de devenir conseiller financier et de vendre de l'assurance.

Mais 1998 tire à sa fin et comme je n'ai toujours aucune perspective d'emploi, Sylvain finit par me convaincre de rencontrer le directeur de son bureau de la London Life, Réal Veilleux. Celui-ci m'explique que le bureau se spécialise dans les conseils aux professionnels et aux propriétaires d'entreprises : on leur apprend que les produits financiers de la compagnie d'assurance peuvent leur offrir des avantages fiscaux et des options produisant un effet de levier. Ces produits peuvent en outre protéger, voire dans certains cas étendre le patrimoine des clients. Les stratégies financières que Réal et son équipe mettent en œuvre pour assurer l'avenir de leurs clients m'intriguent.

Devenir ingénieur exige que l'on soit doué pour les chiffres et que l'on excelle à résoudre des problèmes. La conceptualisation d'une mine, par exemple, oblige l'ingénieur à prévoir les difficultés qui pourraient survenir non seulement à court terme, mais dans cinq, dix ou même trente ans. Le fait d'adopter une perspective à long terme lui permet d'élaborer un plan en vue de limiter ou d'éviter entièrement les résultats négatifs ou le pire des scénarios. Or, la conception d'une stratégie financière à l'intention d'un professionnel ou d'un propriétaire d'entreprise relève du même type de réflexion. Mon premier entretien avec Réal m'amène à comprendre que dans cette entreprise, on ne cherche pas à vendre à tous les clients une seule et même police d'assurance « à taille unique », ou des produits dont ils n'ont aucun besoin aux seules fins de toucher la commission. Réal et Sylvain s'emploient en fait à résoudre des problèmes : voilà exactement ce que j'ai appris dans le cadre de mes études en génie. À la fin de cette première rencontre, j'ai saisi que pour Réal, « vendre de l'assurance » est devenu une passion qui a pour objet d'aider les gens à mieux vivre. Je décide donc de m'attarder quelque temps sur les lieux, histoire de voir si je peux moi aussi contribuer au mieux-être du client.

Trois ans. C'est le délai que je m'accorde pour réussir à la London Life. J'estime qu'après ces trois années, je saurai si je suis un conseiller financier digne de ce nom. Et si la conclusion se révèle négative, le secteur minier aura sans doute effectué une remontée dans l'intervalle...

Je me dis que si je veux tenter de « réussir » à la London Life, autant y aller à fond. Très bien. Mais encore faudrait-il savoir comment je définis la réussite! Cette interrogation m'oblige à tracer une image nette de la personne que je serai dans trois ans. Combien d'argent est-ce que je vais gagner? Combien de jours de vacances est-ce que je prendrai? Combien de clients est-ce que je servirai? Quel mode de vie est-ce que je souhaite? En répondant intérieurement à ces questions, j'inscris tous mes objectifs et j'établis un plan rigoureux en vue de les réaliser. Au cours de ces trois ans, je m'efforce d'apprendre les rudiments de l'assurance, les subtilités des divers produits financiers qu'offre l'entreprise et toutes les stratégies qu'utilisent Réal et son équipe afin d'améliorer la santé financière de leurs clients. Je profite également des plaisirs de la vie urbaine dès que j'en ai l'occasion. Et je fais aussi quelque chose qui, je crois, contribue largement à la décision que je prends de poursuivre ma carrière dans le domaine financier : je mets à l'essai dans ma propre vie plusieurs des stratégies qui me sont enseignées et j'acquiers certaines des polices d'assurance que je recommande aux gens. Je le fais parce que je pense qu'on ne doit pas vendre un produit auquel on ne croit pas soi-même. Et je continue aujourd'hui de récolter les fruits de ces décisions.

En 2002, je quitte la London Life pour fonder Coaching Financier Trek. Mon ami Sylvain, qui m'a encouragé sur la voie de ma nouvelle carrière, m'accompagne à titre de conseiller en sécurité financière au sein de ma nouvelle entreprise, dont il demeure aujourd'hui un membre important. Au fil des ans, celle-ci a évolué et compte maintenant vingt-cinq personnes, dont mon mentor, Réal, qui s'est joint à nous après avoir pris sa retraite de la direction de la London Life. Il y a environ trois ans, j'ai ajouté une autre passionnante dimension à mon entreprise en m'associant à un avocat fiscaliste et planificateur financier.

Aujourd'hui, Coaching Financier Trek met principalement l'accent sur les conseils et les services financiers destinés à deux groupes distincts : les professionnels et les propriétaires d'entreprises. Si vous êtes de ce nombre, et quelle que soit votre destination, nous vous recommandons le parcours qui correspond le mieux à vos aspirations et nous vous aidons à les concrétiser. Tous nos services convergent vers un même but : vos intérêts. Nous mettons toute notre intégrité et notre expertise à élaborer des stratégies personnalisées et à vous proposer des astuces grâce auxquelles vous pouvez maximiser votre sécurité financière personnelle ou organisationnelle.

J'ai maintenu ma relation avec la London Life dans le cadre de Coaching Financier Trek, principalement par l'intermédiaire de la division Financière Liberté 55. Nous travaillons également avec d'autres sociétés d'assurances et de courtage, ce qui nous permet d'offrir à nos clients bon nombre des produits financiers disponibles au Canada. Nous avons ainsi toute latitude pour recommander à chacun ce qui lui convient le mieux.

L'expérience nous a appris que les professionnels autonomes amorcent souvent leur carrière en n'ayant au mieux qu'une vague idée de la façon de gérer leurs finances ou de planifier leur avenir financier. Nous pouvons les aider en les mettant rapidement sur la bonne voie afin qu'ils puissent centrer leurs efforts sur leur carrière.

Je me spécialise pour ma part dans l'aide aux propriétaires d'entreprises. Mon fiscaliste et moi avons travaillé conjointement à élaborer une approche non traditionnelle en matière de résolution de problèmes, ainsi que de protection et de croissance du patrimoine. Cette approche repose sur les stratégies financières que les propriétaires d'entreprises prospères ont parfois d'ores et déjà mises en place. Nous connaissons à fond les produits financiers particuliers qui leur permettent de bénéficier des meilleurs avantages fiscaux. C'est ici que bon nombre de nos stratégies innovatrices entrent en jeu au bénéfice de nos clients. Rares sont les conseillers en sécurité financière qui comprennent ces stratégies ou la façon de les mettre en œuvre.

Certains établissements réduisent votre marge de crédit d'un demi-pour cent si vous leur accordez à la fois la gestion de vos investissements et de vos besoins en assurance. L'équipe de Coaching Financier Trek vous propose plutôt une autre solution : elle assure un service individuel personnalisé et attentif en agissant au mieux de vos intérêts, ainsi que de ceux de votre famille et de votre entreprise. Je suis persuadé que notre approche innovatrice en matière d'assurance-vie peut protéger et étendre votre patrimoine en vous permettant par surcroît d'économiser des milliers de dollars en impôt. Chaque jour, nous veillons à ce que nos clients tirent profit de nos stratégies personnalisées. C'est avec plaisir que nous vous en ferons bénéficier également.

L'équipe de Coaching Financier Trek conseille avec ferveur les professionnels et les propriétaires d'entreprises prospères qui partagent ses valeurs. Les gens qui subviennent pour le meilleur et pour le pire aux besoins de leur famille, se soucient de leurs employés et de la survie de leur entreprise, s'efforcent de redonner à leur communauté : voilà les personnes que nos conseillers en sécurité financière compétents et humains se font un plaisir d'aider.

Le fait d'avoir appartenu dans ma jeunesse à une équipe d'athlétisme gagnante a contribué à préparer mon parcours de conseiller en sécurité financière. Après m'être remis des blessures qui m'ont tenu à l'écart, j'ai retrouvé ma passion pour la course en participant aux ultramarathons. Ces expériences me rappellent que dans la vie – y compris la vie financière – il importe d'aller jusqu'au bout. En une décennie et demie, j'ai eu le privilège de faire équipe avec des centaines de professionnels et de propriétaires d'entreprises qui travaillent de concert en vue d'assurer un avenir meilleur à une grande partie de la population canadienne.

Or, si remporter un sprint ne nécessite que quelques secondes, se préparer aux impondérables de la vie tient davantage du trekking. Ici s'ouvre le sentier qui vous mènera vers un avenir financier des plus prometteurs.

SECTION UN

STRATÉGIES DE PLANIFICATION FINANCIÈRE À L'INTENTION DES JEUNES PROFESSIONNELS

CHAPITRE 1

ENTRER DANS LA COURSE

SITUATION RÉELLE[1]

Au fil des ans, j'ai eu le privilège de prononcer des conférences et de donner des cours sur les stratégies de planification financière dans les universités québécoises. J'ai pu constater qu'on y prépare les étudiants à devenir des médecins, des dentistes ou des comptables compétents, mais qu'on leur apprend rarement à établir une bonne planification financière... Il s'agit pourtant d'un besoin urgent puisqu'ils s'apprêtent, vraisemblablement pour la première fois de leur vie, à toucher un revenu important.

---

1 Veuillez noter que les situations réelles et les divers cas particuliers dont il est question dans ces pages ont été modifiés en vue d'assurer le respect de la confidentialité.

Il y a quelques années, j'ai prononcé une conférence destinée aux étudiants en pharmacie dans un établissement universitaire de la région. Mon auditoire se composait de dix personnes qui, au cours de leurs années de formation, avaient noué entre elles des liens d'amitié étroits. Une fois leur diplôme en poche et sur le point d'amorcer leur carrière, huit de ces étudiants ont suivi mes recommandations et sont venus me consulter en vue d'obtenir des conseils sur les premières étapes à suivre pour constituer un patrimoine à long terme.

Chacun de ces huit diplômés avait une situation et des besoins propres qu'il me fallait prendre en considération, mais à ceux d'entre eux qui étaient mariés – qu'ils aient ou non des enfants – j'ai suggéré l'assurance-vie temporaire. L'assurance temporaire est un moyen simple et peu coûteux de protéger une famille pendant un nombre d'années précis en cas de décès du titulaire de la police.

Six ou sept ans après avoir donné le cours sur les stratégies de planification financière à ces dix jeunes et idéalistes pharmaciens en devenir, je reçois un appel de l'un d'entre eux qui m'annonce la mort tragique d'un membre de la bande dans un accident de moto. Ce dernier laisse dans le deuil sa conjointe et leur bébé naissant. Il laisse également un nouveau prêt hypothécaire sur la maison. Et malheureusement, ce jeune professionnel est l'un des deux étudiants qui ont assisté à mon cours, mais qui n'ont par la suite consulté aucun conseiller en sécurité financière pour assurer la stabilité de leur famille en pareille situation. Je sais bien qu'un chèque, si important soit-il, ne remplacera jamais un être cher. Mais il permet au moins à la famille de conserver sa maison et d'affronter l'avenir sans avoir à porter le poids d'inquiétudes financières immédiates.

Je repense souvent au décès tragique de ce jeune pharmacien : en quoi la situation aurait-elle été différente pour sa conjointe et leur enfant s'il avait pris le temps de se renseigner et de constater à quel point il est facile et peu coûteux d'établir une base solide pour l'avenir de sa famille? J'illustre fréquemment mon propos en utilisant l'analogie de la construction d'une maison. Lorsque vous décidez de bâtir une maison, vous vous demandez d'abord où vous souhaitez l'établir, quelle en sera la taille et quels éléments vous désirez placer à l'intérieur. Votre maison de rêve ne pourra toutefois survivre à l'usure normale, aux intempéries et aux autres phénomènes naturels que si elle repose sur des fondations solides spécialement conçues pour elle. Et par la suite, il faudra l'entretenir. Il en va de même d'un plan financier : il importe de bâtir votre carrière et votre vie personnelle sur des assises solides créées sur mesure pour vous et vos rêves.

Si vous êtes comme moi, les premières années que vous consacrerez à vous adapter à une nouvelle carrière vous absorberont entièrement. Cela dit, mieux vaut commencer à bâtir son patrimoine au début de sa vie professionnelle. Lorsqu'on est jeune, on s'attend à filer jusqu'à la retraite en bonne santé et le portefeuille bien garni. Mais si l'on néglige de se doter d'un plan financier solide et de s'arrêter de temps à autre afin de revoir ce plan et de le rajuster selon l'évolution de notre situation, les projets échafaudés durant la vingtaine ne se concrétiseront vraisemblablement pas lorsque nous atteindrons soixante-dix ans. Et même si la santé tient bon jusqu'à la retraite, il est fort probable qu'on ne soit pas en mesure de profiter pleinement des résultats de son travail si l'on ne dispose d'aucun plan.

Les professionnels autonomes – médecins, avocats dentistes, comptables, ingénieurs, pharmaciens, vétérinaires – amorcent souvent leur carrière sans trop savoir comment gérer leurs finances ou planifier leur avenir financier. Nous pouvons les aider en les orientant dès le départ sur la bonne voie pour leur permettre de se consacrer à leur carrière.

Si vous franchissiez aujourd'hui la porte de mon bureau, la première chose que je vous inviterais à faire serait de rêver. De voir grand, en fait. En travaillant au fil des ans avec de jeunes profession-nels, j'ai mis au point une série de questions que je leur pose afin de les aider à mieux cerner ce qu'ils attendent réellement de la vie. Où voulez-vous que votre carrière vous conduise? Combien d'argent désirez-vous gagner? Combien de semaines de vacances aimeriez-vous prendre chaque année? Souhaitez-vous devenir propriétaire d'une maison? Espérez-vous vous marier? Avoir des enfants? Conduire une Jaguar? Posséder un chalet au bord d'un lac? Créer votre entreprise? Soutenir des organismes caritatifs qui vous tiennent à cœur? Et ainsi de suite.

Je suis encore renversé de susciter autant de regards perplexes lorsque je pose ces questions! Car ce n'est que lorsque vous aurez pleinement défini ce qui importe pour vous et votre avenir que je pourrai vous aider à atteindre vos objectifs. Mais une fois ceux-ci établis, le vrai plaisir commence!

Avant de préciser les quatre principales étapes que je recommande à tous les professionnels autonomes de suivre pour « entrer dans la course » et assurer leur avenir financier, j'aimerais dire quelques mots au sujet d'une option importante dont beaucoup de professionnels canadiens peuvent se prévaloir : la constitution en société.

Tout les professionnels connaissent sans doute cette possibilité, mais nombre d'entre eux n'en voient pas l'avantage. La brève explication qui suit pourra les éclairer.

Depuis 2001, le Canada a révisé la classification des professions en vue d'autoriser les professionnels à se constituer en société. Précisons que cette possibilité n'est offerte qu'à ceux d'entre eux qui sont régis par une association ou un ordre professionnel. Bien que les lois varient d'une province à une autre, de même qu'entre ces associations et ordres professionnels, elles incluent généralement les dentistes, les avocats, les médecins, les comptables, les architectes, les ingénieurs et les vétérinaires (consultez la liste établie dans votre province afin de voir si votre profession s'y trouve). La constitution en société relève d'une décision personnelle fondée sur la situation particulière de chacun. En discutant avec votre avocat, votre comptable, votre conseiller en sécurité financière ou avec un autre professionnel de confiance, vous pourrez déterminer si elle se révélerait avantageuse pour vous.

La constitution en société comporte peu d'inconvénients. En revanche, les avantages fiscaux qu'elle vous procure – report de l'impôt sur le revenu, fractionnement éventuel du revenu, possibilité de bénéficier d'une déduction de 800 000 $ pour gains en capital – peuvent vous offrir de nouvelles occasions de créer votre patrimoine à long terme.

Du point de vue de la planification financière, j'estime que la possibilité de reporter une partie importante de l'impôt sur le revenu qu'a réalisé votre entreprise constitue le principal de ces avantages. En d'autres termes, en laissant une partie de vos gains dans votre entreprise, vous reportez l'impôt à payer sur ce montant à une période future durant laquelle vos revenus se situeront dans une fourchette d'imposition inférieure.

Les taux d'imposition des petites entreprises étant inférieurs à ceux des particuliers, l'écart pourrait donner lieu à un report d'impôt substantiel jusqu'à ce que les revenus soient distribués aux actionnaires. Le total du report annuel d'impôt est calculé sur la différence entre le taux d'imposition actuel sur votre revenu de profession libérale et le taux que paiera votre entreprise (voir le tableau ci-dessous).

REVENU ANNUEL	50 %*	20 %**	DIFFÉRENCE
100 000 $	50 000 $	20 000 $	30 000 $
150 000 $	75 000 $	30 000 $	45 000 $
200 000 $	100 000 $	40 000 $	60 000 $
250 000 $	125 000 $	50 000 $	75 000 $
300 000 $	150 000 $	60 000 $	90 000 $
350 000 $	175 000 $	70 000 $	105 000 $
400 000 $	200 000 $	80 000 $	120 000 $

*Impôt approximatif sur votre revenu de profession libérale sans la constitution en société.

**Impôt approximatif sur vos profits jusqu'à hauteur de 500 000 $ si l'entreprise est constituée en société.

Bien que ces renseignements soient simplifiés pour les besoins du présent exemple, il en ressort clairement que le montant d'impôt qui peut être reporté n'est pas négligeable.

Lorsqu'on songe à se constituer en société, il faut tenir compte du fait que les stratégies diffèrent parfois largement selon qu'il est question d'un particulier ou d'une entreprise. Il importe ici encore de consulter un avocat, un comptable, un conseiller en sécurité financière ou un autre professionnel de confiance afin de bien saisir les avantages et les inconvénients d'un tel choix. Toutefois, si elle est effectuée correctement et au moment opportun de votre carrière, la constitution en société peut jouer un rôle de premier plan quant à votre sécurité financière future.

Dans la perspective du sujet que nous allons maintenant aborder, je tiens à insister sur les premières stratégies qu'il vous faut mettre en place à titre de *particulier*. Nous nous pencherons plus loin sur la façon dont évolueront ces premières étapes si vous devenez le propriétaire d'une entreprise prospère.

Maintenant que vous avez dressé la liste de vos objectifs, il est temps de commencer à vous entraîner en vue du marathon.

CHAPITRE 2

S'ENTRAÎNER EN VUE DU MARATHON

Lorsque je m'adresse à des professionnels autonomes, je me considère comme un « généraliste ». À titre de généraliste, j'examine quatre aspects de la planification financière dont toute personne souhaitant assurer sa santé financière à long terme doit, selon mon expérience, absolument tenir compte. Rappelez-vous : remporter un sprint ne nécessite que

REMPORTER UN SPRINT NE NÉCESSITE QUE QUELQUES SECONDES, MAIS SE PRÉPARER AUX IMPONDÉRABLES DE LA VIE TIENT DAVANTAGE DU TREKKING.

quelques secondes, mais se préparer aux impondérables de la vie tient davantage du trekking.

Nous savons tous que le trekking est un voyage ou une randonnée pédestre de longue haleine qui comporte généralement son lot de *difficultés* ou d'épreuves. Disposer d'un plan financier solide vous permet d'améliorer votre vie lorsque la route est belle, mais contribue aussi dans une large mesure à aplanir les difficultés et les épreuves auxquelles vous vous heurtez le long du parcours.

Les quatre aspects auxquels j'incite les professionnels autonomes à accorder une attention particulière sont les flux de trésoreric, la retraite, les prestations du vivant et les indemnités de décès.

Les trois derniers éléments reposent sur l'assurance, un domaine que les professionnels autonomes n'abordent pas toujours avec aisance. Souvent, les subtilités des divers produits offerts sur le marché leur échappent et ils seraient bien en peine de déterminer lesquels leur conviennent le mieux. Cela n'a rien d'étonnant, puisque l'assurance est un domaine complexe. Et si vous amorcez votre carrière, vous devez axer vos efforts sur votre profession : pourquoi perdre du temps et de l'énergie à tenter de vous y retrouver seul? Mieux vaut solliciter l'aide d'un spécialiste en qui vous avez confiance. Assurez-vous toutefois que cette personne a l'habitude de conseiller les professionnels autonomes comme vous, c'est-à-dire ceux dont le revenu annuel atteint 100 000 $ ou davantage. De plus, à mesure qu'ils augmentent, les revenus requièrent des stratégies différentes. Choisissez votre conseiller en songeant au fait que celui-ci deviendra un membre actif de votre équipe financière à long terme.

Alors que vous entreprenez l'entraînement grâce auquel vous parviendrez à la ligne d'arrivée, rappelez-vous que les petits sacrifices consentis au début d'une carrière procurent souvent de grandes récompenses plus tard dans la vie. Prêts? Partons!

FLUX DE TRÉSORERIE

SITUATION RÉELLE

Un matin, il y a de cela quelques années, mon adjointe reçoit au bureau un appel urgent provenant d'une de mes clientes professionnelles autonomes.

- J'aimerais parler à Marc tout de suite, dit-elle.

- Très bien, répond mon adjointe. Puis-je lui dire à quel sujet vous l'appelez?

- Je veux avoir un bébé et j'ai besoin de son aide!

Mon adjointe et moi avons bien ri de cette demande. En fait, on l'aura deviné, ce que la cliente attendait de moi était que je les aide, elle et son conjoint, à établir un plan qui leur permettrait de fonder une famille sans avoir à se heurter aux habituelles charges financières dont s'accompagne un événement aussi marquant.

J'avais rencontré ce couple quelques mois auparavant. Au cours de l'entretien, j'avais indiqué aux conjoints que je souhaitais agir à titre de personne-ressource pour chacune de leurs décisions financières importantes. Je leur avais demandé de communiquer avec moi au moins une fois par année pour me permettre d'actualiser leur dossier, et aussi souvent que nécessaire s'il se produisait un événement susceptible d'avoir des répercussions sur leurs finances. Or, fonder une famille est sans contredit au nombre de ces événements.

J'ai examiné avec la cliente le pourcentage de son revenu actuel qu'elle pouvait s'attendre à recevoir durant son congé de maternité et lui ai demandé combien de temps elle aimerait rester à la maison avec le bébé avant de reprendre le travail. Nous avons également inclus dans notre calcul un léger supplément permettant de pourvoir aux besoins initiaux du nouveau-né et aux dépenses imprévues. À la fin de notre conversation, ma cliente avait une idée assez précise de la somme qu'elle et son conjoint allaient mettre de côté avant de fonder leur famille. Je savais que grâce à ces petites économies, ils allaient pouvoir profiter du plaisir de devenir parents sans devoir subir les tensions financières dont s'accompagne souvent l'heureuse nouvelle.

Et j'ai été ravi d'apporter mon aide!

Chaque fois que je peux inciter mes clients professionnels autonomes à prévoir avant de dépenser, j'estime avoir accompli une partie essentielle de mon travail. Enseigner aux gens à maîtriser leurs finances au début de leur carrière permet souvent d'éviter que ce soit leurs finances qui les contrôlent par la suite. Il s'agit en somme d'établir les bases solides auxquelles je reviens constamment.

Les difficultés financières constituent l'une des causes premières du stress, lequel provoque des problèmes de santé et nuit aux relations interpersonnelles. En général, planifier pour les divers aspects de sa vie financière ne se résume pas simplement à aligner quelques chiffres et à échafauder une vague stratégie d'économie en vue de fonder une famille, mais croyez-moi : travailler à mettre en place un plan pertinent pour toutes vos dépenses importantes se révèle avantageux à long terme.

L'incontournable étape initiale, pour les professionnels autonomes qui souhaitent tirer le meilleur parti possible de leurs premières années de profits, consiste à dresser un budget. Cela paraît simple, mais il est étonnant de voir le nombre de personnes qui toute leur vie doivent jongler avec leurs finances faute de disposer d'un budget solide. Ce budget doit inclure tout ce à quoi ces profession-nels consacreront chaque mois leur revenu.

Les flux de trésorerie correspondent aux liquidités. Il s'agit de l'argent dont vous disposez à court terme, des fonds que vous gardez sous la main pour payer vos factures, des espèces qui serviront à couvrir les prochaines dépenses et les projets spéciaux.

Si vous êtes par exemple médecin ou dentiste, il importe de garder à l'esprit que vous êtes un professionnel autonome, donc qu'il vous incombe de payer vos impôts à la fin de l'année. Si vous avez observé le tableau du chapitre précédent, vous savez que les impôts peuvent aisément représenter entre 35 % et 45 % de votre revenu. Je vous recommande de mettre cet argent de côté dès la réception d'un chèque de paye. Les médecins et les autres professionnels autonomes sont parmi les plus susceptibles de déclarer faillite durant les premières années de leur carrière, parce qu'ils auront dépensé à mesure leurs revenus mensuels sans avoir planifié l'acquittement de leurs obliga-tions fiscales. Se remettre d'une faillite constitue un processus long et ardu. Faites en sorte d'éviter une pareille situation.

Votre budget inclut le remboursement de vos dettes : prêt-auto, prêt étudiant, hypothèque, marge de crédit, etc. Vous souhaitez vous acheter une maison l'an prochain? Dans trois ans? Dans cinq ans?

Assurez-vous de prévoir un plan d'épargne en vue du paiement initial et intégrez-le à votre budget. Le flux de trésorerie, c'est également le cumul des prestations en espèces, les stratégies d'investissement et la création d'un fonds d'urgence. Si vous possédez déjà un portefeuille de placements, je ne saurais trop insister sur l'importance de demander à votre conseiller en sécurité financière d'en faire l'évaluation et de vous suggérer des façons de mettre en œuvre des stratégies d'investissement axées sur l'efficience fiscale.

Lorsque je travaille avec mes clients professionnels, il m'arrive fréquemment de devoir les ramener à la raison en ce qui concerne leurs objectifs. Si vous m'annoncez par exemple que vous désirez vous acheter une voiture la semaine prochaine, vous marier dans un mois, faire l'acquisition d'une maison cet été et prendre peu après les vacances *non payées* de trois mois dont vous rêvez, je vous répondrai que vous ne pouvez pas faire tout ça. En ma qualité de conseiller, il est de ma responsabilité de vous indiquer, en me fondant sur mes années d'expérience, si vos projets sont réalisables et à quel moment. Rien ne vous empêche de prévoir et de réaliser ces objectifs, mais peut-être devrez-vous rajuster votre programme.

Où vous voyez-vous l'an prochain? Dans cinq ans? Dans dix ans? Au-delà de vos besoins et de vos désirs immédiats, il y a le véritable défi qui consiste à élaborer votre plan financier personnel. Sachez toutefois que c'est en relevant ce défi que vous éprouverez les plus grandes satisfactions.

Demandez-vous : « Qu'est-ce qui importe le plus pour moi? » Lorsque vous aurez répondu à cette question, il se peut que vous choisissiez de conduire votre vieille voiture encore un an ou deux. Ou que vous reportiez l'achat de la maison à l'été suivant. Il se peut aussi que vous vous contentiez d'une semaine de congé cette année… afin d'économiser pour les vacances de rêve que vous prendrez à un autre moment. Pour gâcher des vacances, rien de tel que de s'inquiéter de la façon dont on arrivera à rembourser à la fin du mois les factures qui se sont multipliées sur la carte de crédit. Il y a tant de plaisir à prendre les vacances que l'on peut réellement s'offrir!

Supposons que vous ayez décidé de placer l'acquisition d'une maison au sommet de votre liste d'objectifs. Alors, vous me téléphonez et vous me demandez : « Combien ai-je les moyens de payer? » Je réponds toujours à cette question par la question suivante : « Qu'est-ce que vous voulez faire d'autre? »

À titre d'exemple, si vous économisez 1 500 $ par mois, vous pouvez amasser le montant du paiement initial de votre maison en un an. Mais si cela signifie que vous ne pouvez plus aller au restaurant, vous acheter des vêtements ou une voiture? Si, pour économiser 1 500 $ par mois, vous devez vous priver de votre manucure hebdomadaire, de vos soirées de hockey avec vos amis aux matches des Canadiens, ou des vacances dans une autre ville avec des membres de votre famille élargie? Qu'êtes-vous prêt à laisser tomber pour économiser 1 500 $ par mois? Il se pourrait qu'une épargne de 750 $ par mois corresponde mieux à votre style de vie, même s'il vous faut décaler d'un an l'achat de la maison.

Lorsque mes clients ont économisé leur paiement initial et qu'ils sont prêts à faire l'acquisition de leur maison, je leur conseille vivement de prendre leur train de vie en considération. Compte tenu de leur revenu familial, ils sont peut-être admissibles à l'achat d'une maison de 500 000 $. La banque se contentera d'effectuer ses calculs suivant ses coefficients habituels et leur proposera une hypothèque qui les obligera à affecter jusqu'au moindre dollar de leurs liquidités à son remboursement. Il n'y aura plus de beaux vêtements. Ni d'excursions de pêche avec les copains. Ni de cours à l'université pour terminer une maîtrise. Ni non plus de financement du compte de retraite pour l'avenir. Et ils pourront suspendre indéfiniment le projet qu'ils caressaient de mettre sur pied leur propre entreprise. Mais qu'en serait-il s'ils achetaient une maison de 300 000 $? Qu'est-ce cela changerait, quant à leur mode de vie actuel et à leur avenir?

Certains sont prêts à tous les sacrifices pour acquérir dès maintenant la grosse et coûteuse maison qu'ils souhaitent posséder, misant sur le fait que les revenus du ménage augmenteront avec le temps. À titre de conseiller financier, je recommande avec insistance à mes clients de réfléchir longuement à ce qui importe vraiment à leurs yeux et de prendre leurs décisions financières en conséquence. Souvent, le fait de bénéficier d'un point de vue objectif sur la situation d'ensemble facilite l'évaluation des avantages et des inconvénients lorsqu'on se trouve devant une importante décision financière. N'hésitez pas à faire appel à un conseiller en sécurité financière digne de confiance.

Savoir maîtriser le flux de trésorerie (ce qui comprend la mise en œuvre d'un budget réaliste) : voilà la première étape que doivent suivre les professionnels autonomes en vue de façonner l'avenir de leurs rêves.

SITUATION RÉELLE

Les professionnels, en particulier les jeunes, viennent souvent me consulter lorsqu'ils souhaitent s'acheter une grande maison. Je les incite à s'entraîner avant de contracter une hypothèque qui risque fort d'être à la mesure de la demeure qu'ils convoitent. Récemment, j'ai reçu un couple de professionnels venu me demander s'il pouvait s'offrir une maison de

600 000 $. J'ai effectué des calculs pour déterminer combien allait leur coûter mensuellement cette vaste résidence et j'en suis arrivé à 4 000 $ par mois. Mon calcul comprenait l'hypothèque, les taxes, les prix accrus des services, ainsi qu'un fonds de réserve pour l'entretien et les réparations. « C'est ce qu'on appelle de la planification », leur ai-je dit. Bon nombre de jeunes professionnels autonomes éprouvent des difficultés financières faute d'avoir su planifier correctement.

« Je vais jouer le rôle de la banque, ai-je proposé. Je vais ouvrir un compte en votre nom, et durant les douze prochains mois, vous allez me remettre 4 000 $ par mois que je déposerai pour vous dans ce compte. De cette façon, vous verrez si le fait de contracter une hypothèque importante et d'effectuer tous les paiements qui se rattachent à l'achat d'une grande maison convient vraiment à votre mode de vie. »

J'ai eu recours à cette « simulation » avec quelques-uns de mes clients professionnels autonomes. Elle leur donne la possibilité de voir s'ils sont vraiment en mesure de s'adapter au nouveau montant de revenu disponible dont ils disposeront mensuellement. Est-ce que ce montant leur convient? Leur a-t-il fallu se priver de vacances parce qu'ils n'avaient pas les liquidités nécessaires? Ont-ils pu mettre assez d'argent de côté pour remplacer les pneus de la voiture le moment venu? Ont-ils dû renoncer à s'acheter des vêtements chics ou à déguster de grands vins avec leurs amis? Sacrifier leur passe-temps préféré par manque de fonds? Leur est-il encore possible d'économiser un peu tous les mois en vue de la retraite? Ou d'épargner afin de fonder une famille?

Nombreux sont les gens qui ne planifient pas. Ils décident qu'ils veulent une grande maison immédiatement. La banque examine leur revenu, leur niveau d'endettement, puis décrète qu'ils ont les moyens d'effectuer d'énormes versements hypothécaires. Mais elle ne prend en considération ni le mode de vie de ses clients ni leurs projets d'avenir. Mon conseil : on ne devrait jamais emprunter le montant complet que la banque consent à nous prêter. Accepter tout ce que la banque nous offre ne constitue pas une bonne planification financière. En fait, cela représente exactement l'opposé d'une bonne planification.

ACCEPTER TOUT CE QUE LA BANQUE NOUS OFFRE NE CONSTITUE PAS UNE BONNE PLANIFICATION FINANCIÈRE.

Comme je l'explique à mes clients, s'il se révèle qu'économiser une telle somme tous les mois ne leur plaît pas, il leur est toujours possible de me demander de réduire le montant que je mets de côté à leur intention, ou même de mettre un terme à la simulation. Je fermerai alors leur compte et leur rendrai leur argent. Mais la banque, elle, ne reculera pas : il leur faudra verser leur gigantesque paiement, que ça leur plaise ou non. Ils seront piégés.

J'invite donc mes clients à s'entraîner, encore et encore. Épargner 4 000 $ par mois durant un an, c'est très bien. Mais verser cette somme dans leur compte « d'entraînement » pendant deux ans, c'est mieux. Ils disposeront ainsi d'un autre 100 000 $ ou presque à ajouter au versement initial à l'achat de leur maison. Et surtout, ils sauront que lorsqu'ils en feront finalement l'acquisition, cette résidence complétera le mode de vie qu'ils aiment et désirent conserver, plutôt que de le réduire.

Selon mon expérience, certains jeunes professionnels arrivent sans difficulté à économiser l'argent nécessaire à une hypothèque importante. Toutefois, le couple dont il est question dans la présente situation m'a demandé après six ou sept mois de déposer moins que les 4 000 $ par mois qu'exigeait l'achat de la maison de 600 000 $. Nous avons calculé de nouveau les dépenses mensuelles en prévoyant cette fois l'acquisition d'une demeure de 400 000 $, puis avons entrepris une nouvelle simulation. Le couple a vite constaté que ce second projet convenait nettement mieux à son budget et à son train de vie.

Très souvent, mes clients en arrivent à la conclusion qu'ils n'ont pas pour l'instant besoin d'une nouvelle maison. À mon avis, il vaut mieux faire ce constat que de contracter une hypothèque démesurée qui ne représentera qu'une charge à court terme, et peut-être à long terme également.

RETRAITE

À cette étape du parcours, vous avez établi un budget. Vous gérez votre flux de trésorerie et vous disposez d'un plan réaliste pour régler vos dettes. Certains conseillers en sécurité financière estiment qu'il vaut mieux rembourser toutes ses dettes avant de commencer à mettre de l'argent de côté en prévision de la retraite, mais à mon avis, cette méthode n'est pas vraiment efficace. Si vous êtes un jeune professionnel dont les revenus sont supérieurs à 150 000 $ par année, c'est le moment d'élaborer un plan qui remplira simultanément ces deux objectifs. Oui, vous pouvez réduire votre endettement tout en vous constituant un compte de retraite. Bien entendu, il faudra tenir compte du taux d'intérêt de chaque dette afin de prendre une décision judicieuse.

En 1957, le Canada a mis en place le régime enregistré d'épargne-retraite (REER) à l'intention des salariés et des travailleurs autonomes, afin de promouvoir l'épargne en prévision de la retraite[1]. On verse dans le REER des économies et des placements, et celui-ci présente divers avantages fiscaux comparativement aux comptes qui ne sont pas à l'abri de l'impôt. Sont admissibles au REER les obligations, les fiducies de revenu, les actions d'entreprise, les comptes d'épargne, les fonds communs de placement, les fonds de travailleurs et les certificats de placement garanti. Comme il peut se révéler complexe d'investir dans un REER, vous avez tout intérêt à vous adresser à un conseiller en sécurité financière, lequel vous renseignera sur les possibilités et les risques que comporte ce choix. Les conseillers en sécurité financière excellent à établir les stratégies les plus avantageuses pour vous sur le plan fiscal.

Les cotisations à un REER sont déductibles du revenu imposable : le paiement de l'impôt qui s'y rattache est reporté jusqu'au retrait de l'argent, soit généralement au moment de la retraite, alors que le taux d'imposition marginal est plus bas.

En supposant par exemple que votre taux d'imposition marginal actuel avoisine les 50 %, vous économiserez 50 $ d'impôt sur chaque tranche de 100 $ investie dans votre REER et cela, jusqu'à concurrence de votre plafond de cotisation. De plus, la croissance des investissements placés dans votre REER n'étant pas assujettie à l'impôt, elle est par conséquent exempte de tout impôt sur les gains en capital ou sur le revenu.

En 2009, le Canada a lancé le compte d'épargne libre d'impôt (CELI), un instrument qui permet aux adultes d'économiser toute leur vie durant sans payer d'impôt. Bien que les cotisations au CELI ne soient pas déductibles, tous les montants qui y sont versés, ainsi que les revenus engendrés, sont à l'abri de l'impôt, même au moment d'un retrait. Le CELI pourrait ainsi constituer pour vous un second moyen d'épargner en vue de la retraite.

Pour bien planifier celle-ci, il faut d'abord tirer le meilleur parti possible des abris fiscaux que constituent le REER et le CELI. Parce que vous serez en mesure d'utiliser longtemps ces véhicules, ils vous permettront d'amasser une somme importante dont vous bénéficierez lorsque vous ne travaillerez plus. Il est à noter que pour les professionnels constitués en société, le CELI ne représente pas une façon judicieuse d'épargner puisqu'il leur faut retirer de l'argent de l'entreprise et payer des impôts avant d'investir.

Voici une explication quelque peu simplifiée de ce qui risque de se produire si vous optez pour une stratégie d'épargne n'offrant pas les avantages fiscaux du REER ou du CELI.

Disons que vous gagnez 100 000 $ par année et que vous possédez un investissement qui ne fructifie pas à l'abri de l'impôt. Quinze ans plus tard, vous avez amassé 500 000 $ dans ce véhicule d'investissement et obtenu 10 %, soit 50 000 $, en intérêts sur ce montant. Mais vous devez verser la moitié de ces intérêts, c'est-à-dire 25 000 $, en impôt.

Or, rappelez-vous que vous gagnez 100 000 $ par année : c'est dire que près de la moitié de votre salaire, environ 50 000 $, va à l'impôt. Et voilà que le gouvernement vous réclame un autre 25 000 $, donc la moitié des intérêts que vous avez touchés. Toutefois, compte tenu de votre salaire annuel (100 000 $), vous ne serez vraisemblablement pas en mesure de faire face à votre problème fiscal avec vos revenus de l'année courante. Cela signifie qu'il vous faudra liquider une partie de vos investissements afin de payer vos impôts.

Le 31 décembre, le gouvernement calcule le montant d'impôt que vous devez sur l'intérêt que vous a rapporté votre investissement. Qu'arrivera-t-il si vous n'avez pas pris conscience du fait que vous avez jusqu'en avril pour remettre ces 25 000 $ lorsque votre comptable vous annonce cette mauvaise nouvelle? Que se passera-t-il si en avril, les marchés sont à la baisse? Vous n'aurez pas le choix. Vous devrez céder une partie de vos investissements pour régler ce supplément d'impôt et cela, même s'ils se sont dépréciés. Ces 25 000 $ d'impôt supplémentaire vous coûtent donc à présent bien davantage. Ce scénario catastrophe vous paraît peut-être extrême, mais je l'ai vu se produire. Certains m'ont même fait remarquer qu'il s'agissait finalement d'un « beau problème », puisqu'ils continuaient malgré tout à faire de l'argent. Je ne suis pas de cet avis. Il ne s'agit pas d'une situation enviable, surtout si l'on songe que cet important montant d'impôt supplémentaire aurait pu être évité d'entrée de jeu.

Comme je le signalais plus haut, il est probable qu'à titre de professionnel autonome, vous souhaiterez tôt ou tard vous constituer en société. Vous aurez alors la possibilité de différer une part importante de l'impôt sur le revenu de l'entreprise, ce qui vous permettra d'en reporter le paiement à une période ultérieure, par exemple au moment de la retraite, lorsque votre revenu se situera dans une fourchette d'imposition inférieure.

Les professionnels dont le revenu est supérieur à 150 000 $ ont quant à eux la possibilité d'investir dans certains produits d'assurance axés sur l'efficience fiscale qui contribueront à mieux financer leur retraite. J'expliquerai cette stratégie en détail plus loin dans le présent chapitre.

STRATÉGIE DE RETRAITE VISANT LE PLEIN FINANCEMENT DE VOTRE REER

J'aimerais auparavant vous faire part d'une stratégie de retraite qui a fait ses preuves auprès d'un certain nombre de mes clients professionnels.

Supposons, pour les besoins du présent exemple, que vous souhaitez verser 20 000 $ cette année dans votre REER et que votre fourchette d'imposition est de l'ordre de 50 % : il vous faudra déposer 1 667 $ par mois dans votre REER afin d'atteindre l'objectif que vous vous êtes fixé pour l'année en vue de la retraite. Comme je sais bien qu'il n'est pas facile d'amasser ce montant tous les mois, je suggère plutôt à mes clients de déposer la moitié de cette somme, c'est-à-dire 10 000 $ par année, ou 834 $ par mois. À compter du 31 décembre, vous bénéficiez encore des soixante premiers jours de l'année nouvelle afin d'ajouter des fonds à votre REER pour l'année précédente.

Juste avant le début de ce délai de soixante jours, vous réalisez votre objectif d'affecter 20 000 $ annuellement à votre retraite en puisant les 10 000 $ additionnels dans votre marge de crédit ou dans les économies que vous réservez à un autre projet. Comme je l'expliquais plus haut, vous recevez chaque année un crédit d'impôt sur le montant versé dans votre REER. Dans le cas présent, votre cotisation de 20 000 $ (soit les 10 000 $ amassés grâce à vos cotisations mensuelles + les 10 000 $ empruntés à votre marge de crédit ou à un autre compte) donnera lieu à un crédit d'impôt de 10 000 $ que vous remettra le gouvernement lorsque vous aurez produit votre déclaration de revenus. À la réception de ce chèque de remboursement, il vous suffira de redéposer les 10 000 $ dans votre marge de crédit ou dans le compte réservé à votre autre projet.

C'est ce qu'on appelle un « levier financier ». Mais il s'agit d'un levier sûr, ce qui ne serait pas le cas si vous empruntiez cet argent pour le consacrer à un investissement moins stable. La perte d'une telle somme pourrait vous causer de graves difficultés financières. Toutefois, dans le cas qui nous occupe, vous n'utilisez ces 10 000 $ que durant soixante jours au maximum avant de les restituer au compte d'origine.

PRESTATIONS DU VIVANT

SITUATION RÉELLE

L'un de mes clients, un jeune dentiste travaillant à son compte, consacre ses temps libres au vélo de montagne, un sport qu'il adore. Son vélo est pourvu de cale-pieds permettant de bien maintenir les pieds aux pédales.

Mon client se trouve à la fin de son parcours et décélère... sans doute un peu trop brusquement. Le vélo s'arrête et le jeune homme tente de glisser sa chaussure hors du cale-pieds, mais elle reste coincée. Il tombe alors sur le côté et a le réflexe d'amortir sa chute en étendant devant lui ses deux mains. Résultat : pouce cassé d'un côté et fracture du poignet de l'autre. Un dentiste dont une main et un poignet sont plâtrés se trouve pour ainsi dire hors d'état de travailler.

À la suite de l'accident, mon client me téléphone dès qu'il le peut. Je le rassure en lui indiquant qu'après soixante jours, la protection au titre de l'assurance-invalidité qu'il a souscrite prendra le relais et couvrira la totalité de son salaire mensuel jusqu'à son rétablissement. Il pourra donc se détendre en sachant que cet accident de vélo de montagne n'entraînera pas de pertes financières importantes dont il mettrait des mois, voire des années, à se remettre.

Si seulement l'histoire de chacun des nombreux professionnels dont j'ai appris l'invalidité depuis le début de ma carrière de conseiller en sécurité financière avait pu se terminer aussi bien que celle-ci! Fort heureusement, les blessures de mon client dentiste n'ont pas tardé à guérir, mais les cinq mois de congé forcé qu'il lui a fallu prendre lui ont rappelé à quel point il importe d'avoir contracté une assurance-invalidité privée en vue de protéger ses acquis.

Si vous êtes un professionnel autonome – médecin, dentiste ou autre – et que vous subissez un accident dont vous mettez un an, deux ans ou même davantage à vous remettre, comment vous débrouillerez-vous financièrement? Comment votre famille s'en sortira-t-elle si vous vous trouvez subitement privé de votre revenu en tout ou en partie?

Bien souvent, mes clients balaient cette possibilité du revers de la main en rétorquant que ça ne leur arrivera jamais. Or, les risques d'être frappé d'invalidité sont plus élevés qu'on le croit.

En 2012, selon Statistique Canada, environ 3,8 millions de personnes, soit 13,7 % des Canadiens âgés d'au moins quinze ans, ont indiqué avoir dû restreindre leurs activités quotidiennes en raison d'une invalidité. Près de la moitié des personnes ayant fait état d'une invalidité ont précisé que celle-ci était grave ou très grave.[2]

Au Canada, une personne de trente ans est quatre fois plus à risque d'être atteinte d'invalidité que de mourir avant de parvenir à soixante-cinq ans.

Qui plus est, un sixième de la population canadienne connaîtra une période d'invalidité de trois mois ou plus avant l'âge de cinquante ans, alors que chez les moins de soixante-cinq ans, cette période tend à se prolonger au-delà de quatre-vingt-dix jours[3]. Avec le vieillissement toutefois, la probabilité d'être frappé d'invalidité décroît, dans la mesure où celle de mourir augmente.

Le tableau qui suit établit une comparaison type entre la probabilité, pour les professionnels et les autres employés de bureau de toute l'Amérique du Nord, d'être atteints d'une invalidité durant une période d'au moins quatre-vingt-dix jours plutôt que de décéder, au cours d'une année donnée.

Probabilité d'être frappé d'une invalidité d'au moins quatre-vingt-dix jours plutôt que de décéder entre l'âge indiqué dans le tableau et l'âge de soixante-cinq ans.

ÂGE	PROBABILITÉ D'ÊTRE ATTEINT D'INVALIDITÉ PLUTÔT QUE DE DÉCÉDER (EN %)	
	HOMME	FEMME
25	32 %	147 %
30	31 %	141 %
35	32 %	135 %
40	32 %	125 %
45	32 %	111 %
50	33 %	94 %
55	32 %	79 %
60	9,3 %	10,6 %

Source : https://www.disabilityquotes.com/disability-insurance/stats.cfm

L'assurance-invalidité privée constitue le principal aspect d'un plan financier à long terme pour les professionnels autonomes. Je m'explique.

Votre réussite financière à vie repose sur l'argent que vous gagnez entre l'âge de vingt-cinq ans environ et le moment où vous prenez votre retraite. La somme que vous amasserez au cours de votre carrière dépend de votre capacité à accomplir chaque jour votre travail. Cette capacité de travail constitue en fait votre bien le plus précieux. Si vous devenez invalide et qu'il vous est impossible de travailler pendant une longue période, tout ce que vous aurez bâti jusque-là risque de s'effondrer si vous ne disposez pas d'une assurance-invalidité appropriée. Vous perdrez tout, sans doute. Votre mode de vie – celui que vous avez mis tant d'énergie à atteindre au fil des ans – est fonction de votre revenu. Dans un ménage à deux revenus, la perte d'un salaire représente une épreuve pour toute la famille. À défaut d'avoir souscrit une assurance-invalidité adaptée à vos besoins, vous consacrerez probablement les premières

VOTRE CAPACITÉ DE TRAVAIL CONSTITUE VOTRE BIEN LE PLUS PRÉCIEUX

semaines, voire les premiers mois à vous débattre pour essayer de payer les frais courants et à lutter pour conserver la maison.

Des médecins, des dentistes et de nombreux autres professionnels travaillent à leur compte et gagnent 100 000 $ ou davantage par année. Et comme ce sont des travailleurs autonomes, c'est à eux seuls que revient la responsabilité de veiller sur leur famille et sur eux-mêmes.

Cela dit, on ne contracte pas une assurance-invalidité comme on souscrit une assurance-vie. Nous aborderons l'assurance-vie de façon détaillée plus loin au cours du présent chapitre, mais pour l'instant, rappelons simplement qu'en la matière, il n'y a pas de demi-mesure : soit vous êtes décédé et dans ce cas, la compagnie d'assurance paiera, soit vous êtes vivant, et elle ne paiera pas.

En revanche, lorsqu'il s'agit d'assurance-invalidité, les définitions, les exceptions et les exclusions abondent. Au Canada, une concurrence féroce règne parmi les assureurs. Pour les acheteurs, la prudence s'impose. Si une compagnie d'assurance vous vend une police à moitié prix, vous toucherez probablement la moitié moins en cas d'invalidité que si vous aviez souscrit une assurance plus chère. En d'autres termes, vous en avez pour votre argent. Si vous optez pour une assurance-invalidité bas de gamme, vous obtiendrez des résultats en conséquence. Prenez soin de lire les petits caractères et de vous renseigner sur le sens de toutes les définitions, exceptions et exclusions, car ce sont elles qui détermineront la nature de la protection que vous obtiendrez si vous êtes frappé d'invalidité. Mieux encore : consultez le conseiller en sécurité financière en qui vous avez confiance et qui connaît le montant de votre hypothèque, sait combien de vos enfants entrent au collège sous peu et est au courant du fait que vous économisez afin de mettre sur pied une nouvelle entreprise. Dans votre intérêt et celui des êtres qui vous sont chers, optez de préférence pour la meilleure assurance que vous pouvez vous offrir compte tenu de votre situation.

Les produits bon marché ne font souvent que procurer un faux sentiment de sécurité. Voici un exemple de ce qui pourrait se produire.

Vous vous réjouissez du magnifique après-midi d'été que vous venez de passer en compagnie de votre famille, lorsque vous trébuchez sur le chat et tombez de la terrasse arrière de la maison. Pendant que l'ambulance recule dans votre allée de stationnement, la police d'assurance-invalidité dont vous avez fait l'acquisition vous revient subitement à l'esprit.

Vous vous interrogez : mon assurance-invalidité couvrira-t-elle ceci?

L'assurance-vie est simple à comprendre puisqu'elle ne repose que sur deux possibilités. Vous êtes vivant ou mort, et elle ne paie pas si vous êtes vivant.

L'assurance-invalidité se révèle *nettement* plus complexe. Comme les divers aspects de votre protection particulière figurent sur votre contrat, examinez-en soigneusement tout le contenu. Au Canada, toutes les compagnies d'assurance fondent leurs évaluations sur les mêmes statistiques et les mêmes risques. D'où la question suivante, que vous ne manquerez pas de vous poser : dans un secteur où tous se livrent une concurrence aussi acharnée, comment un assureur peut-il offrir un produit à la moitié du prix de celui d'un autre assureur? Seule réponse possible : en ne réglant que la moitié du nombre de demandes d'indemnisation. Les éléments qu'exclut votre police d'assurance ne se trouvent généralement pas indiqués en caractères gras sur la première page du contrat. En fait, le contenu de cette première page induit souvent en erreur. Les exclusions figurent d'habitude à la page deux et en petits caractères. Il est par exemple fréquent que les polices moins coûteuses excluent les maux de dos et l'épuisement professionnel, deux des principaux motifs de demandes d'indemnisation pour invalidité au Canada. Le fait d'opter pour une assurance-invalidité à prix plus élevé vous évitera peut-être une catastrophe financière s'il vous arrive d'être frappé d'invalidité. La qualité se paye. Si vous estimez avoir obtenu votre assurance-invalidité à prix d'aubaine, mieux vaut vous attendre à des (mauvaises) surprises.

En votre qualité de professionnel autonome, vous risquez fort de n'obtenir aucune protection de votre lieu de travail. Et juste au moment où votre couverture d'assurance-invalidité est sur le point de prendre le relais et de commencer à vous verser une partie de votre revenu mensuel, votre médecin vous annonce que vous vous remettez bien de vos trois fractures et que vous êtes suffisamment en forme pour reprendre le travail deux jours par semaine pendant les trois prochains mois. Voilà où commencent les vrais ennuis. Puisque vous n'êtes plus entièrement invalide, l'assurance que vous aviez contractée à un prix des plus avantageux ne vous verse pas un sou. Et vous vous retrouvez tout à coup à travailler deux jours par semaine et à ne toucher que 40 % de votre revenu, lequel est imposé jusqu'à 50 %. Après quatre-vingt-dix jours, le médecin vous déclare suffisamment bien pour travailler trois jours par semaine pendant les trois prochains mois. Vous ne gagnez toujours que 60 % (imposés) de votre salaire habituel, alors que vos factures courantes s'empilent, que l'un de vos enfants a besoin d'orthodontie et que le véhicule utilitaire sport de votre conjointe tombe en panne… *encore une fois*!

On me fait souvent valoir que l'assurance-invalidité haut de gamme coûte cher. Mais songez à ceci : souhaitez-vous vraiment courir le risque d'opter pour une assurance-invalidité bon marché, alors qu'un produit d'excellente qualité assurera la totalité de votre salaire – exonéré d'impôt – jusqu'à ce que vous soyez en mesure de reprendre votre travail à temps complet et de retrouver votre pleine capacité de gain? Qui plus est, l'assurance-invalidité de qualité continuera de vous verser votre salaire intégralement, même si vous n'êtes jamais en mesure de retravailler!

Les conseillers en sécurité financière qui ont l'habitude de vendre une diversité de polices connaissent à fond les avantages et les inconvénients de chacun de leurs produits. Il faut leur demander conseil avant de contracter une assurance-invalidité.

Songez que lorsque vous disposez d'une telle protection, l'assurance-invalidité sur le prêt hypothécaire devient superflue.

Nul besoin non plus de payer cette prime sur votre prêt-auto qui, si vous êtes frappé d'invalidité, vous protège, vous et la banque. Elle n'est plus nécessaire.

Inutile également l'assurance solde de carte de crédit : puisque vous possédez la meilleure assurance-invalidité qui soit, cette dernière vous versera votre salaire entier si vous devenez invalide.

Le montant économisé sur l'assurance relative au prêt hypothécaire, au prêt-auto et au solde de la carte de crédit suffit souvent à couvrir le coût supplémentaire de votre assurance-invalidité privée haut de gamme. En résumé, si vous obtenez une assurance-invalidité à un prix qui semble trop beau pour être vrai, dites-vous que c'est effectivement le cas.

Si vous êtes un professionnel autonome, vous devriez également souscrire une assurance contre les maladies graves. Les polices de base paieront si l'une ou l'autre des trois pathologies suivantes se manifeste : cancer, accident vasculaire cérébral et maladie du cœur. À cet égard, les faits sont éloquents :

⇨ au Canada, une personne sur trois sera atteinte d'un cancer potentiellement mortel au cours de sa vie;

⇨ au Canada, une victime d'infarctus sur deux a moins de soixante-cinq ans;

⇨ au Canada, chaque année, quelque cinquante mille personnes sont victimes d'un accident vasculaire cérébral à la suite duquel environ 75 % d'entre elles présentent une invalidité permanente.[4]

Les statistiques indiquent également que quatre pathologies entraînent à elles seules 90 % des réclamations : le cancer, les accidents vasculaires cérébraux et les maladies du cœur, comme nous l'indiquions plus haut, mais également la sclérose en plaques. En outre, moyennant un supplément mensuel, vous obtiendrez une protection contre quelque vingt-cinq autres maladies graves.

L'assurance maladies graves fonctionne différemment de l'assurance-invalidité. Supposons que vous souscrivez une assurance maladies graves d'un million de dollars. Vous faites une crise cardiaque. Trente et un jours plus tard, la compagnie d'assurance vous verse un montant forfaitaire libre d'impôt d'un million de dollars que vous pouvez utiliser à votre guise (il est à noter que si vous ne survivez pas trente jours après la crise cardiaque ou le début d'une autre maladie, la compagnie d'assurance n'est pas tenue de payer).

Lorsque vous recevez votre paiement forfaitaire, vous pouvez vous offrir des soins à domicile, un traitement de pointe, ou opter pour un séjour prolongé dans un centre de réadaptation. Vous pouvez également choisir de rénover votre maison en vue de faciliter vos activités quotidiennes, de rembourser votre hypothèque ou de mettre suffisamment d'argent de côté pour payer les études de votre fille. En d'autres termes, vous faites ce que vous voulez de l'argent versé dans le cadre de l'assurance maladies graves.

Autre avantage important de cette assurance : les polices que nous recommandons donnent accès aux services de Best Doctors, un réseau formé des meilleurs médecins au monde. Best Doctors procède à l'étude des examens ayant mené à votre diagnostic afin de s'assurer que celui-ci est juste, puis vous recommande les spécialistes de réputation internationale les mieux à même de vous traiter efficacement. Si vous disposez d'une protection appropriée, vous pouvez utiliser le paiement forfaitaire qui vous sera versé trente et un jours après l'obtention du diagnostic pour vous offrir le meilleur traitement au monde.

Voici une autre possibilité : en votre qualité de médecin travaillant soixante heures par semaine à l'urgence d'un hôpital, vous savez que le stress inhérent à vos fonctions n'est pas étranger à la crise cardiaque dont vous avez été victime. Quatre mois après cette crise cardiaque, votre médecin vous déclare apte à reprendre le travail. Grâce au montant forfaitaire d'un million de dollars que vous a versé votre assurance maladies graves, vous avez désormais la possibilité de prendre du recul et de trouver un moyen d'exercer votre profession de façon moins stressante, c'est-à-dire selon l'horaire de la semaine de travail normale. Il vous est maintenant possible de le faire sans avoir à modifier votre train de vie.

STRATÉGIE LIÉE AUX PRESTATIONS DU VIVANT

Je consacrerai les lignes qui suivent à vous faire part d'une stratégie intéressante qui repose sur l'assurance-invalidité ou sur l'assurance maladies graves et dont plusieurs de mes clients professionnels ont tiré parti.

Il existe, pour l'un et l'autre de ces types d'assurance, des polices auxquelles peuvent s'ajouter des avenants donnant lieu à long terme au remboursement des primes. En ce qui a trait à l'assurance-invalidité, certaines polices prévoient que si vous ne présentez aucune invalidité pendant une période de sept ans, vous avez droit au remboursement d'une partie des primes payées. Dans le cas de l'assurance maladies graves, on vous rembourse l'intégralité de ces primes si quinze années s'écoulent sans que vous ayez eu recours à votre assurance.

Supposons que vous avez vingt-cinq ans et que vous affectez 5 000 $ par année à une protection en cas de maladie grave. Si vous prenez votre retraite à soixante ans sans avoir été atteint d'une telle maladie, la compagnie d'assurance vous rembourse chaque dollar que vous avez versé au cours de ces trente-cinq ans, c'est-à-dire 175 000 $. Le coût de votre assurance se résumera par conséquent au montant de l'intérêt que vous auriez pu obtenir si vous aviez investi cette somme autrement. Il s'agit donc d'un produit fort abordable si l'on songe que vous avez bénéficié pendant trente-cinq ans d'une protection contre le revers financier important que vous aurait valu l'apparition d'une maladie grave.

Certaines assurances maladies graves permettent en outre d'inclure un avenant selon lequel, si vous ne survivez pas au délai de trente jours et que vous décédez sans avoir reçu de remboursement, la compagnie versera à vos ayants droit le montant équivalant aux primes que vous avez payées. Dans l'exemple qui précède, vos ayants droit recevraient 70 000 $. Renseignez-vous auprès de votre conseiller en sécurité financière afin de savoir si votre police d'assurance comporte un tel avenant.

INDEMNITÉS DE DÉCÈS

SITUATION RÉELLE

Il y a plusieurs années, j'ai collaboré avec un couple de professionnels qui rêvait de se rendre en Tanzanie pour escalader le Kilimandjaro. Tous deux s'étaient mis à épargner et à planifier en vue de se lancer à la conquête d'un des sommets les plus emblématiques du monde. Chaque année, quelque trente-cinq mille personnes venues de tous les coins de la planète tentent la grande aventure et amorcent l'ascension du plus imposant dénivelé d'Afrique.

Une année, profitant de la période des Fêtes, le couple a entrepris son périple. Mais la conjointe n'en est pas revenue. Parvenue au sommet de la montagne, elle a été victime d'un œdème cérébral qui l'a emportée.

Lorsqu'un message téléphonique m'a appris son décès, j'ai repensé au repas que j'avais pris en sa compagnie un midi, quelques mois auparavant. Elle mettait en question la nécessité, pour elle et son mari, de posséder une assurance-vie et se demandait si elle allait conserver la police. Je l'avais convaincue d'y réfléchir encore quelque temps et nous avions convenu d'en discuter de nouveau après les vacances de Noël.

J'ai ressenti un immense soulagement au moment où le chèque de l'assurance-vie a été expédié à son mari. Il va sans dire que l'argent ne remplacera jamais un être cher, mais la pensée qu'il allait pouvoir vivre son chagrin et son deuil sans devoir par surcroît restreindre son train de vie m'a tout de même réconforté.

Au cours de ma carrière de conseiller en sécurité financière, j'ai été témoin de nombreuses situations semblables à celle que je viens d'évoquer. Tous les professionnels avec lesquels je travaille préféreraient ne pas tomber malades et ne pas mourir. Reste que le fait de planifier en vue de sa propre mort pour veiller sur l'avenir de ses proches constitue un acte d'amour des plus satisfaisants. Si aujourd'hui une tragédie m'enlevait à ma famille, j'aurais au moins la certitude d'avoir fait tout en mon pouvoir pour lui éviter des difficultés financières en mon absence. Au risque de me répéter, aider les professionnels autonomes qui partagent mes valeurs et mon engagement à subvenir contre vents et marées aux besoins de la famille représente pour moi une passion.

Dans les pages précédentes, nous avons abordé les thèmes du flux de trésorerie, de la retraite et des prestations du vivant, dont l'assurance-invalidité et l'assurance maladies graves pour les professionnels autonomes. Votre plan financier ne sera toutefois complet que si vous y ajoutez l'assurance-vie.

Durant les vingt ou vingt-cinq premières années de votre carrière, vous devez constituer un portefeuille d'assurance-vie qui permettra de garantir la subsistance de votre famille si vous décédez prématurément. Supposons que vous êtes un professionnel autonome et que vous avez de jeunes enfants et une hypothèque à rembourser. Vous gagnez 250 000 $ par année et vous vous débrouillez bien. Mais que se passera-t-il si vous disparaissez? Votre famille sera-t-elle en mesure de maintenir son train de vie? Pourra-t-elle conserver la maison et le confort dont elle bénéficie actuellement?

Alors que les prestations du vivant ne sont que définitions, exceptions et exclusions, l'assurance-vie ne repose que sur deux possibilités, comme je le signalais plus haut. Il vous suffit de décider du type de produit dont vous avez besoin et du montant de votre protection.

On trouve au Canada deux grands types d'assurance-vie : l'assurance temporaire et l'assurance permanente. Les professionnels qui en sont au début de leur carrière opteront pour l'une ou l'autre suivant leur situation.

ASSURANCE-VIE TEMPORAIRE

Comme son nom l'indique, l'assurance-vie temporaire protège pendant une période prédéterminée. Elle permet aux jeunes professionnels autonomes de répondre à des besoins importants à court terme – hypothèque, prêt étudiant, prêt-auto ou autres –, et cela, à un coût initial abordable. Cette solution pourra convenir à un couple ayant de jeunes enfants et une hypothèque à payer.

Si vous êtes par exemple un jeune professionnel autonome ayant une famille, une hypothèque à rembourser, et que vous gagnez 250 000 $ par année, que se passera-t-il si vous décédez prématurément et que les vôtres se trouvent soudainement privés de vos revenus? Votre conjoint ou conjointe risque de crouler sous les versements d'hypothèque, sans compter les droits de succession, les frais funéraires, les prêts-autos et les prêts étudiants non remboursés qui s'y ajoutent. Ce type de police peut aider votre famille en lui permettant de conserver son mode de vie ainsi que la maison, advenant votre décès.

Vous pouvez renouveler l'assurance-vie temporaire après dix ou vingt ans sans avoir à présenter de preuve attestant de votre bonne santé, mais son prix s'accroîtra au renouvellement à mesure que vous avancerez en âge, et se révélera plutôt élevé avec les années. L'assurance pour laquelle vous versez annuellement 400 $ à trente ans pourrait bien vous coûter jusqu'à 25 000 $ par année lorsque vous atteindrez quatre-vingts ans. Suivant les modalités de votre police, votre protection prendra fin lorsque vous atteindrez soixante-quinze, quatre-vingts ou quatre-vingt-cinq ans. Si vous décédez après cet âge, votre assurance-vie n'offrira plus la moindre couverture.

Lorsque vous atteindrez la cinquantaine ou la soixantaine, un jour viendra peut-être où vous aurez entièrement remboursé votre hypothèque, où les enfants seront tous devenus de jeunes adultes autonomes et où vous n'aurez donc plus besoin de votre assurance-vie temporaire. Vous aurez vraisemblablement la possibilité de la transformer en une assurance-vie permanente sans devoir fournir d'attestation relative à votre état de santé. Il se peut toutefois que vous ne soyez plus en mesure d'effectuer cette transformation dès que vous atteignez soixante-cinq ou soixante-dix ans. D'où l'importance de comprendre votre police d'assurance jusqu'au moindre détail.

Au début de votre carrière, l'assurance-vie temporaire sera peut-être la seule qui correspond à vos moyens. Mais à mesure qu'augmentera votre revenu, vous aurez tout intérêt à la transformer ou à ajouter une assurance-vie permanente à votre portefeuille d'assurance. Il m'est arrivé trop souvent de voir des conseillers utiliser l'assurance temporaire afin de répondre aux besoins d'un client qui auraient nécessité une assurance permanente.

Par exemple, un homme ou une femme de trente-cinq ans opte pour une assurance temporaire de 500 000 $ sur dix ans qui lui coûte 30 $ par mois. Lorsque cette personne atteint quarante-cinq ans, cette même police lui coûte 75 $ par mois, soit une hausse mensuelle de 45 $, ou 67 %. Supposons que le ou la propriétaire de la police estime qu'il lui est encore possible de verser ce montant. Dix ans plus tard, cette personne reçoit une lettre de sa compagnie d'assurance lui annonçant que cette même police lui coûtera désormais 300 $ par mois pour les dix prochaines années. On a beau être solide et en santé à cinquante-cinq ans, reste que 300 $ par mois, donc 36 000 $ sur dix ans, représentent une forte somme. L'assurance temporaire peut se comparer à un loyer : si vous n'avez plus les moyens de payer, vous sortez.

Une autre décennie passe et il se peut que la police ne soit plus renouvelable. Bien entendu, advenant le décès du titulaire de la police pendant la durée du contrat, les 500 000 $ auront été versés au bénéficiaire. Toutefois, en contrepartie d'une longue vie, plus rien ne reste de l'argent affecté durant trente ans à l'assurance temporaire! Et au décès du titulaire, sa famille sera-t-elle en mesure de faire face aux impôts, aux frais funéraires et autres? Espérons-le.

Bref, l'assurance temporaire doit en règle générale être considérée comme une solution à court terme par rapport à l'ensemble des besoins en assurance-vie. Il faut toujours la transformer ou la remplacer dès que possible par une assurance-vie permanente.

L'ASSURANCE TEMPORAIRE DOIT EN RÈGLE GÉNÉRALE ÊTRE CONSIDÉRÉE COMME UNE SOLUTION À COURT TERME PAR RAPPORT À L'ENSEMBLE DES BESOINS EN ASSURANCE-VIE.

ASSURANCE-VIE PERMANENTE

Il ne fait aucun doute que chacun de nous mourra tôt ou tard. Et la mort n'a rien de gratuit : au Canada, les frais funéraires s'élèvent en moyenne à 15 000 $. Mieux vaut donc vous doter d'une assurance-vie permanente dès que vous en avez les moyens, puisque le coût de l'assurance augmentera évidemment à mesure que vous avancerez en âge.

Vous souscrivez une police d'assurance-vie à prime fixe. Comme nous l'avons vu, plus tôt vous le faites, moins votre prime est élevée.

Contrairement à l'assurance-vie temporaire, l'assurance permanente demeure en vigueur jusqu'à votre décès – sans égard à votre âge – aussi longtemps que vous payez vos primes. Voici une règle de base qu'il est bon de garder à l'esprit : en général, plus le coût d'une police permanente est élevé, moins elle se révèle chère au final. Je m'explique.

L'assurance-vie permanente comporte deux aspects distincts. Le premier, c'est-à-dire le capital assuré, est le montant qui sera versé à vos bénéficiaires lors de votre décès. Le second, c'est-à-dire la valeur de rachat brute, est un compte d'épargne financé à même une partie de vos primes. Si l'assurance permanente que vous choisissez comporte une valeur de rachat brute, la compagnie d'assurance investira une part de vos primes : il importe donc de bien comprendre les risques liés à cet investissement et les rendements à long terme qu'obtient la société d'assurance sur les produits dont vous faites l'acquisition. Un conseiller en sécurité financière d'expérience pourra ici encore vous éclairer sur les enjeux.

Dans la prochaine partie du présent ouvrage « Stratégies de planification financière à l'intention des propriétaires d'entreprises prospères », nous examinerons ensemble diverses stratégies liées aux assurances-vie permanentes qui permettent d'améliorer les projets de retraite.

SECTION DEUX

STRATÉGIES DE PLANIFICATION FINANCIÈRE À L'INTENTION DES PROPRIÉTAIRES D'ENTREPRISES PROSPÈRES

CHAPITRE 3

ENTRER DANS LES LIGUES MAJEURES

SITUATION RÉELLE

Il m'avait fallu plusieurs mois pour organiser une rencontre avec cet homme d'affaires montréalais. C'était un chef d'entreprise prospère que j'admirais depuis longtemps, non seulement en raison de la réussite de son entreprise, mais pour ses qualités de philanthrope.

La perspective de travailler avec lui nous remplissait d'enthousiasme, mon fiscaliste et moi. Nous nous sommes rendus à son bureau, où nous avons consacré une grande partie de la journée à examiner en profondeur son plan financier stratégique personnel et celui de son entreprise. À la fin de notre analyse exhaustive, force nous a été de conclure que la planification était parfaite et que cet homme avait tout mis en œuvre pour assurer quoi qu'il advienne la protection et la croissance de son entreprise au cours des prochaines années. Cet homme intelligent s'était adjoint un bon conseiller financier, ce qui constitue toujours une combinaison gagnante! Nous lui avons donc serré la main en le remerciant de nous avoir accordé le privilège de faire sa connaissance et en l'invitant à communiquer avec nous s'il estimait que nous puissions faire quoi que ce soit pour lui dans la suite des choses.

Mon fiscaliste et moi n'avons pas été déçus de conclure que nous ne pouvions aider cet important chef d'entreprise à améliorer la santé financière de sa société. Au contraire, nous nous sommes réjouis d'avoir pu rencontrer un dirigeant faisant partie du 1 % des propriétaires d'entreprises québécois qui font les choses correctement à tous égards. C'est précisément la volonté d'aider d'autres entrepreneurs à atteindre ce niveau de réussite qui nous motive à travailler jour après jour.

Lorsque j'ai amorcé ma carrière de conseiller en sécurité financière à la London Life en 1998, je me rappelle avoir appris une à une les diverses stratégies liées aux produits d'assurance qui pouvaient être mises en œuvre dans le cadre d'un plan financier stratégique en vue de protéger et d'accroître le patrimoine d'un propriétaire d'entreprise. Quand je constatais que les stratégies que j'avais établies fonctionnaient exactement comme prévu pour un client, cette victoire me poussait à vouloir aider le client suivant à obtenir les mêmes résultats. Mon champ d'intérêt et de compétence s'est orienté à la fois vers l'optimisation des investissements des entreprises et la protection de leurs acquis. C'est dans ce secteur de ma profession que je contribue le mieux à la réussite financière des entreprises et de leurs propriétaires partout au Québec.

Ma propre société, Coaching Financier Trek, étant passée de trois à vingt-cinq employés au cours des quinze dernières années, j'ai pu mettre à l'essai dans mon propre plan financier bon nombre des stratégies que j'avais découvertes. Donc, lorsque je recommande un produit d'assurance ou une stratégie à un client propriétaire d'une entreprise, je peux souvent lui expliquer la façon dont les choses se sont déroulées pour moi.

C'est à l'issue d'un processus d'analyse que je détermine si l'un ou l'autre des produits d'assurance et des stratégies financières dont j'ai fait la découverte pourrait se révéler utile. Dès ma rencontre initiale avec le propriétaire d'une entreprise, je lui demande à quand remonte la dernière réunion de tous ses conseillers d'affaires qu'il a convoquée pour discuter du plan financier de sa société.

Comment pourrez-vous obtenir un point de vue objectif sur la santé financière de votre entreprise si vous ne vous entretenez pas régulièrement avec votre directeur financier, de même qu'avec le comptable, le fiscaliste, l'avocat, le notaire, l'agent d'assurance et le conseiller en placement? Mais plus encore : comment aurez-vous la certitude que votre entreprise est parvenue à son niveau de santé financière maximal si les membres de votre équipe ne se concertent pas régulièrement?

Toutefois, si vous n'avez jamais réuni l'ensemble des membres de votre équipe financière, dites-vous que vous n'êtes pas la seule personne à vous trouver dans cette situation! Après tout, vous avez une entreprise à diriger et le temps vous presse. Peut-être, comme bien d'autres, n'avez-vous même jamais établi de plan financier stratégique parce que la démarche se révèle trop complexe. Mais rien n'empêche de reverser la vapeur.

Les propriétaires d'une entreprise ne sauraient pour la plupart se passer du soutien d'un conseiller financier impartial lorsque vient le moment de concevoir un plan financier réaliste, d'élaborer et de mettre en œuvre une restructuration importante de leur stratégie financière ou de peaufiner le plan déjà établi. Voilà précisément le but de mon travail : veiller à protéger financièrement le propriétaire et son entreprise et à optimiser les stratégies financières. Je m'emploie à mettre au point des stratégies innovatrices qui répondent aux attentes et aux désirs particuliers de chacun, ainsi qu'à réorienter les investissements à la suite d'une période de croissance des activités. Mais quelles que soient les circonstances, ma priorité consiste à agir dans l'intérêt du propriétaire de l'entreprise.

Jamais je ne cherche à vendre un produit d'assurance qui ne sera pas utile. Je n'ai franchement aucun besoin d'agir ainsi. Lorsque mon interlocuteur ou interlocutrice a bien compris qu'un produit lui procurera des avantages fiscaux, favorisera la croissance de son patrimoine et lui apportera la tranquillité d'esprit, le produit se vend de lui-même.

Convoquer une réunion de tous vos conseillers financiers risque de représenter un défi de taille et cette tâche ardue ne figure sans doute pas au sommet de votre liste de priorités. Il existe heureusement une autre façon de procéder.

Au fil des ans, mon fiscaliste et moi avons élaboré une méthode qui permet d'examiner en profondeur la situation financière du propriétaire d'une entreprise et de formuler des recommandations visant à rétablir ou à améliorer la santé financière non seulement de l'entreprise elle-même, mais de celui ou celle qui la possède. Ma spécialité de conseiller en sécurité financière consiste à placer le bon produit d'assurance au bon endroit (société exploitante, société de portefeuille ou fiducie familiale) et cela, sans menacer l'intégrité de l'équipe de conseillers financiers existante. En fait, j'incite les propriétaires d'une entreprise à se méfier d'un conseiller qui chercherait, pour se faire valoir, à faire table rase de tout ce qui a déjà été établi.

Vous maîtrisez parfaitement le fonctionnement d'une entreprise prospère. Êtes-vous maintenant prêt ou prête à acquérir des compétences de pointe en ce qui touche vos finances personnelles et celles de votre entreprise?

CHAPITRE 4

SUR LA LIGNE DE DÉPART

L'IMPORTANCE DE L'ÉVALUATION FINANCIÈRE

SITUATION RÉELLE

Il y a quelques années, mon fiscaliste et moi sommes allés effectuer une évaluation dans une entreprise prospère. Nous amorçons notre enquête et ne tardons pas à apprendre que l'entreprise repose sur un partenariat entre deux hommes.

Nous souhaitons tout de suite savoir s'il existe un contrat de société.

« Oui, il y en a un, nous répond l'un des associés. Il est quelque part dans un tiroir. »

Nous insistons en faisant valoir que ce document aura sans doute une incidence sur les recommandations que nous ferons. Après maintes recherches, le client trouve finalement le contrat et nous le remet.

Mon fiscaliste, réputé au Québec notamment parce qu'il compte parmi les meilleurs spécialistes en matière de produits financiers, parcourt le document. D'instinct, je sais exactement ce qu'il cherche. Comme je m'y attendais, il passe à la dernière page et me la montre. Le contrat de société ne comporte aucune signature.

Malheureusement, nous avons vu cette situation se produire fréquemment. Les associés décident ensemble des modalités de leur contrat de société. Puis, ils engagent (et paient) un avocat chargé de formuler ces modalités de manière à en faire un contrat en bonne et due forme. Mais, dans le cadre de leurs activités courantes, les associés ne trouvent jamais l'occasion de signer le contrat, c'est-à-dire de l'officialiser. Le document non exécuté rejoint ainsi la paperasse anodine qui encombre leur classeur.

Bref, cette entreprise ne reposait pas sur des assises solides et aucun des associés n'en avait conscience. Il s'agissait toutefois d'un problème facile à résoudre.

Le processus par lequel vous optimisez vos investissements financiers personnels, ceux de votre société, et protégez ce que vous avez bâti au fil des ans au prix d'un travail acharné requiert une évaluation complète de votre entreprise. Non seulement cette évaluation renseigne-t-elle votre équipe financière sur les aspects auxquels vous accordez le plus d'importance, elle vous aide également à vous centrer sur ces aspects.

Prévoyez-vous développer votre entreprise? Vous faut-il engager des employés? Souhaitez-vous préparer une relève qui vous succédera lorsque vous prendrez votre retraite? Dans l'affirmative, qui prendra le relais? Désirez-vous que votre famille puisse maintenir son train de vie actuel si vous êtes frappé par une maladie, un handicap, ou si vous décédez? Qu'arrivera-t-il à l'entreprise si vous divorcez? Et si votre associé ou un employé de premier plan ne peut plus travailler pour des raisons de santé? Aimeriez-vous réaliser plus d'économies d'impôt afin de verser davantage à vos organismes caritatifs préférés?

Quelle que soit la situation, une évaluation s'impose pour vous permettre de maximiser les investissements liés à l'entreprise, de protéger vos acquis et de parer à toute éventualité. Mais rassurez-vous : nul besoin de mobiliser toute une équipe pour effectuer ce travail.

Ensemble, mon fiscaliste et moi avons mis au point un processus d'évaluation qui s'est révélé utile à des centaines de propriétaires d'entreprises dans tout le Québec. Ce processus ne comporte ni plan général, ni produit universel, ni stratégie unique appliquée à tous. Il s'agit au contraire d'une démarche personnalisée grâce à laquelle nous déterminons avec exactitude ce qui vous convient.

J'insiste sur le fait que notre but n'est pas de remplacer les membres de votre équipe financière. Nous nous percevons plutôt comme des conseillers externes qui observent votre entreprise sous un angle nouveau et différent. Notre évaluation exhaustive pourrait se dérouler sur plusieurs réunions : vous et votre personnel pourrez ainsi rassembler les divers documents sur lesquels nous aurons à nous pencher.

Notre évaluation va de la base au sommet. Nous nous assurons de bien comprendre la structure familiale du propriétaire et l'organisation de son entreprise. Nous examinons tous les aspects juridiques, notamment les contrats de société et les conventions entre actionnaires. Vous souhaitez évidemment que votre entreprise repose sur des bases solides, capables de soutenir tout ce que vous y ajouterez. Mais le domaine de la finance requiert de la perspective : il faut avoir une vision nette des buts et être prêt à les atteindre. Au cœur du branle-bas quotidien qui va de pair avec l'exploitation d'une entreprise, il est souvent difficile de voir au-delà d'un jour à la fois… et à plus forte raison, d'entrevoir les dix, vingt ou trente prochaines années! Si notre évaluation vous permet de saisir clairement comment s'orientera votre avenir, nous vous aiderons à atteindre votre objectif.

Notre processus d'évaluation peut sembler ardu et importun, mais il met souvent en lumière les aspects à améliorer. Vous êtes par exemple un médecin spécialiste prospère dont le cabinet est constitué en société et vous gagnez annuellement un demi-million de dollars. Votre famille bénéficie d'une grande maison, d'un chalet au bord d'un lac et des nombreux autres avantages que lui procure votre dur labeur. Mais au début de votre carrière, vous avez souscrit une modeste police d'assurance-invalidité dont vous n'avez jamais augmenté le montant. Les quelque 2 000 $ par mois que vous aurait versés l'assurance auraient alors suffi, mais votre salaire mensuel s'élève aujourd'hui à plus de 40 000 $! Supposons que vous soyez tout à coup frappé d'invalidité et incapable de travailler. Combien de mois votre assurance-invalidité de 2 000 $ vous permettra-t-elle de survivre? Notre processus d'évaluation remet à l'avant-plan des questions auxquelles vous n'avez pas songé depuis longtemps, des années peut-être. Nous vous aidons à réévaluer vos besoins et à adopter des solutions grâce auxquelles vous et votre famille serez à l'abri quoi qu'il arrive.

Je précise qu'à la suite de notre évaluation, mon fiscaliste et moi vous remettons un rapport – établi à nos frais – dans lequel nous formulons des recommandations précises. Ce document comporte généralement de deux à quatre pages et propose bien souvent que vous fassiez appel à d'autres membres de votre équipe financière pour accomplir chacune des tâches suggérées. Par exemple, si nous proposons la mise sur pied d'une fiducie familiale ou d'une société de portefeuille, à qui confierez-vous ce travail, parmi les profession-nels avec lesquels vous faites affaire? Nous pouvons en général vous recommander une personne compétente si vous ne connaissez aucun spécialiste en la matière.

Nous ne vous adressons qu'une seule demande : si vous décidez de faire l'acquisition du produit ou des produits d'assurance que nous recommandons, nous souhaitons que vous achetiez les nôtres. Puisque les prix sont les mêmes partout, nos produits ne vous coûteront pas plus cher. Et non seulement nous vous aiderons à mettre en œuvre les stratégies financières qui s'y rattachent, mais nous communiquerons avec vous de temps à autre pour nous assurer que votre situation n'a pas changé, ou pour voir si vos plans financiers nécessitent une mise à jour.

À titre de conseiller en sécurité financière, je mets à contribu-tion d'importantes compétences afin de vous aider à atteindre vos objectifs. Je consacre une large part de ma semaine de travail à examiner en détail les polices d'assurance les plus récentes qu'offre le marché. Chaque fois que je me penche sur un produit, je me sers des compétences en résolution de problèmes que j'ai acquises dans le cadre de mes études en génie et je me demande comment ce produit peut me servir à régler un problème. Comme j'ai accès à de nombreux produits proposés par diverses compagnies d'assurance canadiennes, j'aime toujours comparer les prix et avantages des polices.

Puisque bon nombre de nos stratégies innovatrices reposent sur l'exonération du revenu, nous ne suggérons que celles dont la légalité nous paraît indiscutable. Mon fiscaliste s'emploie à rester au fait des lois fiscales et saisit parfaitement les définitions, exceptions et exclusions le plus souvent contenues dans le texte en petits caractères des polices d'assurance. En jumelant nos connaissances en matière de produits d'assurance et d'investissement d'une part et de lois fiscales d'autre part, nous formons une équipe qui met tout son dynamisme à trouver des moyens d'aider les propriétaires d'entreprises à accroître leur patrimoine en économisant, et à réduire leur facture d'impôt annuelle sur le taux de rendement de leurs investissements.

Notre évaluation commence par un long questionnaire. Voici un exemple succinct des questions que nous posons :

⇨ Êtes-vous une personne mariée et dans l'affirmative, quel type de contrat de mariage possédez-vous?

⇨ Avez-vous des enfants?

⇨ Un ou plusieurs de vos enfants apportent-ils leur participation à votre entreprise?

⇨ Avez-vous établi un plan de retraite personnel?

⇨ Possédez-vous une assurance invalidité, une assurance maladies graves et une assurance-vie?

Nous cherchons d'abord à bien comprendre la situation familiale du propriétaire de l'entreprise. Après avoir obtenu les renseignements personnels dont nous avons besoin, nous passons à l'examen de la structure de l'entreprise. Nous posons notamment les questions suivantes :

⇨ Quel type de structure organisationnelle avez-vous adoptée?

⇨ Avez-vous un associé? Plusieurs? Quel est le contenu de votre contrat de société?

⇨ Avez-vous des actionnaires? Quel est le contenu de la convention entre actionnaires?

⇨ Disposez-vous d'une fiducie familiale?

⇨ Possédez-vous une société de portefeuille? Dans l'affirmative, de quoi est-elle composée?

Ensuite, nous nous penchons sur votre vision de l'avenir. Nous vous demandons par exemple :

⇨ Prévoyez-vous développer votre entreprise?

⇨ Dans quels délais prévoyez-vous le faire?

⇨ Ce développement exigera-t-il la rénovation de vos locaux actuels? L'acquisition d'un ou de plusieurs emplacements? L'embauche de nouveaux employés?

⇨ Prévoyez-vous vendre un jour votre entreprise? Ou disposez-vous d'un plan qui prévoit qu'une autre personne, peut-être l'un de vos enfants, prendra tôt ou tard la relève?

⇨ Qui dirigera l'entreprise si vous êtes frappé d'invalidité, si vous prenez votre retraite, ou si vous décédez?

⇨ À votre décès, la situation financière de votre entreprise sera-t-elle suffisamment solide pour permettre l'acquittement des droits de succession sans risque d'entraver les activités de la société ou, pire encore, d'entraîner une faillite?

Comme je l'ai souligné plus haut, nous examinons votre entreprise de la base au sommet. À l'instar de votre maison, celle-ci doit comporter des fondations solides, capables de soutenir chaque nouvel élément que vous comptez y ajouter avec le temps. Malheureusement, au chapitre des finances, il est parfois difficile de déterminer si les assises soutiennent correctement les structures de l'entreprise ou si elles commencent à s'effriter par-dessous – peut-être même à votre insu. C'est la raison pour laquelle, à l'étape de l'évaluation, mon fiscaliste et moi nous assurons que votre entreprise se trouve pourvue des meilleures fondations possible et que celles-ci maintiendront bien en place tout ce que vous bâtirez ensuite dessus.

Notre questionnaire nous aide en outre à déterminer quel genre de preneur de risques vous êtes. Si vous êtes une personne audacieuse, nous pouvons vous aider à équilibrer vos investissements à haut risque au moyen de placements à très faible risque. Ou à diversifier votre portefeuille, d'une part sur le plan géographique en effectuant des placements sur les marchés canadiens, américains, européens ou autres, et d'autre part quant aux secteurs économiques et aux sociétés de gestion, notamment en répartissant l'entreprise entre trois ou quatre sociétés de placement. À cet égard, la façon la plus simple de procéder consiste à faire appel à un courtier qui assurera la gestion de l'ensemble de votre portefeuille de placements.

Une fois tous les renseignements rassemblés au moyen de notre questionnaire, mon fiscaliste et moi pouvons amorcer l'évaluation de la situation financière actuelle de l'entreprise, y compris la façon dont elle utilise le processus de planification de la sécurité financière. Nous examinons également le bilan ainsi que le budget mensuel, et évaluons votre tolérance personnelle au risque.

Il importe en outre que nous comprenions parfaitement vos objectifs, ce qui implique notamment que nous soyons informés des projets que vous avez planifiés à court, à moyen et à long terme, ainsi que de vos plans d'acquisition futurs s'il y a lieu.

Notre analyse spécialisée consiste aussi à créer un équilibre entre l'accumulation des liquidités et la protection des revenus. Nous pouvons ensuite procéder au choix d'instruments financiers qui faciliteront l'atteinte de vos objectifs. Voilà où les choses deviennent passionnantes!

COMPRENDRE SON CONTRAT DE MARIAGE

Il existe au Québec deux types de contrats de mariage. Le premier prévoit qu'en cas de divorce, le couple sépare également tous les biens, à l'exclusion de l'entreprise. La maison, le chalet, la voiture et le régime de retraite sont divisés entre les conjoints. Le second type de contrat inclut l'entreprise. Cela signifie que si l'un des conjoints fonde une entreprise, ou s'il fonde une entreprise durant le mariage, la valeur de cette entreprise doit être séparée en parts égales entre les conjoints en cas de divorce. Supposons par exemple que vous consacrez les premières années de votre mariage à travailler jour et nuit à bâtir une entreprise qui avec le temps vous procure – à vous et à votre famille – un train de vie formidable. En raison des sacrifices que vous avez faits, votre entreprise vaut aujourd'hui 10 millions de dollars. Après vingt-cinq ans de mariage, des différends irréconciliables conduisent votre couple au divorce. Une importante question se pose alors : votre entreprise devra-t-elle verser 5 millions de dollars à votre ex-conjoint ou conjointe? Rares sont les entreprises qui parviennent à se remettre du choc foudroyant que représente la vente de la moitié de leurs actifs. Un divorce peut provoquer l'effondrement d'une entreprise. Voilà pourquoi il importe de choisir avec soin son contrat de mariage.

CHAPITRE 5

RÉALISER UNE ACCÉLÉRATION

STRATÉGIES DE PLACEMENT FISCALEMENT AVANTAGEUSES

SITUATION RÉELLE

J'ai récemment rencontré le propriétaire d'une entreprise prospère dont le patrimoine s'élève à 10 millions de dollars. Au fil de la conversation, je lui ai fait remarquer qu'à sa mort, environ 2,5 millions de dollars serviraient à payer ses impôts. Je lui ai demandé s'il souhaitait que j'améliore la situation.

Mon interlocuteur a haussé les épaules. « Ma famille obtiendra 7,5 millions. C'est tout de même bien. Et beaucoup plus que ce que j'avais quand j'ai commencé », m'a-t-il répondu.

Je me suis dit qu'il avait raison, mais que ce n'était pas la façon de procéder la plus efficace.

Si vous êtes comme moi, vous souhaitez voir vos enfants démarrer dans la vie avec une longueur d'avance par rapport à ce que vous avez eu. Comme cet homme a accumulé nettement plus d'argent qu'il peut en dépenser, il lui faudra bien le céder un jour ou l'autre… à ses enfants. Mon travail consiste à l'aider à effectuer ce transfert le plus efficacement possible et même, à lui permettre d'accroître la valeur de son patrimoine chemin faisant. Je lui ai donc suggéré une stratégie qui l'a amené à acquérir un produit d'assurance-vie d'environ 200 000 $ grâce auquel il lui sera possible de donner la totalité des 10 millions de dollars à ses enfants. J'ai pu parallèlement accroître son patrimoine et aider son entreprise à épargner en réduisant le montant de sa facture d'impôt annuelle relative au taux de rendement sur l'investissement.

Les propriétaires d'entreprises prospères sont parmi les personnes les plus stressées de la planète. J'en sais quelque chose, puisque j'en suis un! Et j'essaie de me surpasser tout en composant avec un milieu de travail effervescent qui comprend vingt-cinq employés et de nombreux clients aussi importants les uns que les autres à mes yeux. Je m'efforce d'équilibrer ma vie professionnelle et ma vie familiale, laquelle doit être enrichissante et me permettre de passer des moments de qualité avec les miens. J'essaie également de garder un peu de temps pour redonner à ma communauté en travaillant avec mes organismes caritatifs préférés, à savoir la Fondation des étoiles et la Fondation des maladies du cœur du Québec. S'ajoutent à cela les conférences que j'accepte de donner en vue de renseigner les jeunes professionnels et le public en général sur l'importance d'établir un plan financier solide au début de sa carrière. Et bien entendu, je tiens à l'occasion à partir en week-end de pêche avec mes amis, à voyager ou à m'adonner à mes autres passe-temps. Comme tout le monde, n'est-ce pas? Sans compter que grâce aux bons soins de ma conjointe, il m'est impossible d'oublier les divers travaux d'entretien que nécessite la maison.

Vous l'aurez compris : la vie d'un propriétaire d'entreprise prospère n'accorde pas de répit!

Or, il m'arrive souvent de rencontrer des propriétaires d'entreprises prospères qui, outre le fait qu'ils doivent composer avec les tribulations de la vie « normale », ont engagé 90 % sinon davantage de leur avoir net dans les éléments d'actif de leur entreprise. Cela équivaut à avoir investi l'essentiel de sa fortune dans les actions d'une seule société! Si votre société de portefeuille a investi dans les marchés financiers, tout peut arriver. Vous risquez un jour de constater que vous venez de perdre une partie – voire la totalité – de votre avoir net. La nécessité constante de suivre l'évolution des marchés financiers vient ajouter un stress à votre semaine de travail déjà passablement chargée. Il est suffisamment difficile d'exploiter une entreprise sans devoir par surcroît supporter cette épée de Damoclès au-dessus de votre tête!

Il existe heureusement une meilleure façon de procéder. Une méthode qui vous procurera la tranquillité d'esprit dont vous avez besoin en ce qui touche l'avenir de votre entreprise et celui de votre famille, et qui mettra peut-être un terme à vos insomnies. Pourquoi ne pas commencer à mettre de côté des sommes sur lesquelles les fluctuations des marchés financiers auront moins de conséquences? Il n'est pas question ici de soustraire tout votre argent aux marchés, mais plutôt de choisir judicieusement vos placements. Ne tenez pas compte uniquement du taux de rendement : examinez le taux de rendement après impôt. N'écoutez pas votre courtier vous vanter les 8 % ou 10 % que vous avez obtenus l'an dernier sans vous préciser comment ils seront imposés. Le taux d'imposition relatif à l'argent que vous procurent vos investissements pourrait être de l'ordre de 25 % à 50 %. Si vous avez obtenu un taux de rendement de 10 % sur un placement imposé à 50 %, le taux de rendement n'a en fait représenté que 5 %.

La création d'un portefeuille d'assurance constitue un moyen sûr et rentable de protéger vos acquis financiers durant toute votre vie professionnelle, puis vous permet de prendre votre retraite en conservant le train de vie auquel vous et votre famille êtes habitués.

Lorsque vous affectez une part de vos actifs à la constitution d'un portefeuille d'assurance, il devient possible de mettre en place certaines stratégies à faible risque visant à protéger et à faire fructifier votre patrimoine. Ces stratégies ont fait leurs preuves et vous procureront un juste retour sur vos investissements sans vous obliger à surpasser le marché jour après jour. En créant un portefeuille d'assurance qui vous permet de bénéficier de ces stratégies, vous réduisez l'impôt à payer sur vos investissements. C'est ainsi que vous réalisez des gains. Autre avantage de ce portefeuille d'assurance : il place votre entreprise et votre famille en meilleure posture pour faire face aux impondérables.

Rares sont aujourd'hui les planificateurs financiers qui proposent cette méthode à leurs clients parce qu'il est naturellement plus difficile d'élaborer un plan à l'aide de ces produits. Et puisque ce n'est pas aussi simple que de se tourner vers des placements plus traditionnels, bon nombre de conseillers financiers laissent tomber d'emblée cette solution. Mais pour ma part, je l'utilise tous les jours. Après avoir terminé l'évaluation approfondie de votre entreprise, je sais laquelle de ces stratégies conviendra le mieux à votre situation particulière. Une fois cette étape franchie, il importe également de préciser que les produits d'assurance et les stratégies choisis nous permettent de bien maîtriser les résultats. Nous savons que nos promesses seront tenues.

ASSURANCE-VIE AVEC PARTICIPATION

Le produit d'assurance-vie entière que je recommande normalement à mes clients est ce qu'on appelle « l'assurance-vie avec participation ». Ce type de police est une forme d'assurance-vie permanente qui comporte une composante d'épargne à fiscalité réduite. L'assurance-vie avec participation offre en outre aux assurés la possibilité de toucher des dividendes, bien que ceux-ci ne soient pas garantis. Le titulaire d'une police n'a plus à s'astreindre à surpasser les marchés, puisque les équipes de spécialistes des compagnies d'assurance assurent la gestion du volet des produits d'assurance-vie avec participation réservé aux investissements.

Lorsque des dividendes sont payés, ils peuvent servir à réduire le coût des primes ou à faire l'acquisition d'une assurance-vie complémentaire. Les produits d'assurance-vie avec participation s'assortissent également d'un choix d'avenants et d'avantages que l'on peut ajouter à la police de base. Je me sers fréquemment de ces avenants et de ces avantages pour élaborer une stratégie innovatrice parfaitement adaptée à la situation et aux besoins précis d'un client.

STRATÉGIE DE REMPLACEMENT À LA DÉCLARATION D'UN DIVIDENDE

Supposons, à titre d'exemple, que vous êtes le ou la propriétaire d'une entreprise prospère et que vous avez quarante ans. En ce moment, votre entreprise fonctionne très bien et votre société de portefeuille encaisse de fortes sommes. L'un de vos placements les plus fructueux a entraîné un taux de rendement de 10 %, soit 100 000 $. Normalement, il vous faudra verser 50 % de cette somme, c'est-à-dire 50 000 $, en impôt. Une fois celui-ci payé, vous aurez donc gagné 50 000 $ qui reposeront dans votre société de portefeuille.

Vous aimeriez retirer cet argent de votre société de portefeuille pour le déposer dans votre compte personnel, mais il vous faudra alors déclarer un dividende et payer davantage d'impôt. Des 100 000 $ issus de votre placement, il vous restera donc environ 35 000 $. Avant d'affirmer que vous avez « tout de même fait de l'argent », prenez connaissance de la stratégie suivante.

Disons qu'au lieu d'investir dans des marchés financiers volatils, vous placez une part de vos profits dans une police d'assurance-vie présentant des avantages fiscaux. Lorsque vous atteignez soixante-cinq ans, votre placement a fructifié et vaut maintenant un million de dollars. Vous aimeriez commencer à profiter de cet argent, mais vous ne voulez pas déclarer un dividende en raison des sommes faramineuses qu'il vous faudra verser en impôt. Je peux vous aider à obtenir de la banque une marge de crédit personnelle équivalant à 90 % de cette somme, soit 900 000 $, que vous garantirez avec l'actif d'une police d'assurance-vie (il va sans dire que dans cet exemple, la valeur de la police d'assurance-vie dépasse de loin un million de dollars). Vous avez maintenant accès à 900 000 $ libres d'impôt. À votre décès, le produit de votre assurance-vie sera versé à votre société de porte-feuille et servira en partie à rembourser à la banque les 900 000 $ et l'intérêt. Au Canada, le compte de dividende en capital (CDC) permet à la succession du propriétaire d'une entreprise de toucher le produit d'une assurance-vie – quel qu'en soit le montant – à un taux d'imposition peu élevé.

Récapitulons. Le propriétaire de l'entreprise a une dette de 900 000 $ garantie au moyen de l'argent d'une police d'assurance-vie. À son décès, une somme plus importante – disons qu'il s'agit dans le cas présent d'une indemnité de décès de trois millions de dollars – est versée libre d'impôt au compte de dividende en capital de l'entreprise. La succession rembourse alors à la banque les 900 000 $ de la marge de crédit du propriétaire de l'entreprise ainsi que l'intérêt afférent. Elle peut conserver les deux millions de dollars restants, qu'elle touchera par l'intermédiaire du CDC. L'assurance-vie du propriétaire a ainsi permis d'épargner une forte somme qui aurait autrement été versée en impôt. Il n'y a pas à tergiverser, c'est ce que vous devez faire. Pour atteindre un tel niveau de retour sur investissement, il suffit de planifier et de prévoir. Nota : cette stratégie d'optimisation devrait faire l'objet d'un examen minutieux de la part de votre équipe de conseillers.

STRATÉGIES DESTINÉES AUX PARTICULIERS POSSÉDANT D'IMPORTANTES SOCIÉTÉS DE PORTEFEUILLE IMMOBILIÈRES

Souvent, mon entreprise travaille avec des propriétaires d'entreprises prospères qui possèdent d'importants investissements immobiliers. Bien que leur actif soit énorme – il se compose parfois de cent ou deux cents logements –, ils ne disposent pas de beaucoup de liquidités, leur argent se trouvant entièrement investi dans les immeubles.

Disons par exemple que vous êtes un investisseur de soixante-cinq ans dont les immeubles, acquis avec les années pour 40 millions de dollars, valent aujourd'hui 50 millions de dollars. À votre décès, votre entreprise devra en impôt environ 25 % de la plus-value de vos immeubles, soit une obligation fiscale de 2,5 millions de dollars.

Le propriétaire croit souvent que ses ayants droit pourront hypothéquer une partie des immeubles pour acquitter l'impôt. Ce n'est pas impossible, même si je constate souvent qu'il a déjà obtenu un prêt sur la valeur nette d'un ou de plusieurs de ses biens immobiliers pour pouvoir acquérir un autre immeuble.

Supposons toutefois qu'il soit encore possible d'obtenir un tel prêt. Il importera de tenir compte de la règle suivante : alors que l'intérêt payé par le propriétaire pour financer l'acquisition d'un immeuble est déductible du revenu imposable, l'intérêt relatif à un emprunt contracté sur la valeur nette des immeubles pour acquitter l'impôt n'est pas admis en déduction, ce qui rend cette solution nettement moins attrayante.

Vous aurez donc besoin d'une assurance-vie d'une valeur de 2,5 millions de dollars qui permettra d'acquitter l'impôt à la suite de votre décès. Compte tenu de votre âge (soixante-cinq ans) et de certains autres facteurs, cette assurance-vie vous coûtera 125 000 $ par année.

« Il n'en est pas question! » déclarez-vous tout net. Et si vous êtes comme la plupart des investisseurs immobiliers, vous ne disposez pas des liquidités nécessaires pour payer une assurance-vie de ce genre. Au fil des ans, chaque fois qu'une aubaine s'est présentée, vous avez réinvesti dans l'immobilier. C'est d'ailleurs ainsi que vous avez érigé cette société de portefeuille de 50 millions de dollars.

Mais si l'assurance était payée chaque année sans que vous ayez à verser la moindre liquidité? Seriez-vous d'accord?

Voici la stratégie innovatrice que je propose en pareilles circonstances. Nous travaillons avec la banque afin que la prime de votre police d'assurance-vie soit payée chaque année au moyen d'une marge de crédit qu'elle ouvre pour votre entreprise. C'est à partir de cette marge de crédit que l'entreprise acquitte le montant de la prime annuelle de l'assurance. Au départ, la marge de crédit est garantie par la valeur de rachat brute de la police d'assurance-vie et par les immeubles. Après une quinzaine d'années, le type de police d'assurance-vie que nous utilisons normalement a acquis une valeur de rachat brute qui suffit à couvrir le montant de la marge de crédit. Il n'est alors plus nécessaire d'utiliser les immeubles à titre de garantie.

Nous veillons à ce que la valeur de la police d'assurance-vie permette de rembourser la marge de crédit, de même que la totalité de l'impôt qui devra être payé à votre décès. Aucune de ces opérations n'aura d'incidence sur vos liquidités. Nous n'avons besoin d'utiliser comme effet de levier qu'un petit montant provenant des biens immobiliers que vous possédez déjà. Votre succession pourra ainsi conserver la société immobilière que vous avez mise sur pied.

Voici une autre stratégie digne d'intérêt. Il vous faut une protection d'assurance-vie afin d'éviter que votre succession ait à vendre une part importante de vos actifs pour acquitter l'impôt au moment de votre décès. Grâce à cette stratégie innovatrice, vous obtenez toute l'assurance nécessaire sans avoir à entamer vos liquidités. Qu'en dites-vous? La réponse est simple. Vous dites : « Je suis d'accord! »

CHAPITRE 6

PARER AUX IMPRÉVUS

STRATÉGIES PERMETTANT D'ASSURER LA POURSUITE DES ACTIVITÉS ADVENANT UNE INVALIDITÉ, UNE MALADIE GRAVE OU UN DÉCÈS

SITUATION RÉELLE

À la fin de l'an dernier, alors que je présentais à des associés un exposé insistant sur l'importance de protéger l'entreprise en prévoyant une assurance-vie et une assurance-invalidité, l'un d'eux m'a interrompu pour me faire part d'une anecdote. L'un de ses grands amis possédait avec un partenaire d'affaires une entreprise prospère, mais ils n'avaient établi aucun contrat de société. Un jour, le partenaire en question a un accident de moto et, gravement blessé à la tête, il se trouve depuis dans un état végétatif. Comme la mère du blessé est sa tutrice légale et qu'elle dispose d'une procuration, elle agit maintenant à titre d'associée et prend des décisions au sujet d'une entreprise dont elle ne connaît rien. L'ami doit à présent mettre les bouchées doubles et rendre compte par surcroît à la mère de son associé. Pire encore : si cette dernière décide de vendre des actions de l'entreprise qui appartenaient à son fils, elle pourra les offrir à n'importe qui, y compris au principal concurrent de l'entreprise.

Tout cela aurait pu être évité grâce à l'établissement d'un contrat de société financé au moyen des produits d'assurance-invalidité destinés aux associés.

***

Vous êtes-vous déjà demandé ce qu'il adviendrait de votre entreprise si vous étiez frappé d'invalidité, atteint d'une maladie grave, ou advenant votre décès ou celui d'un autre employé clé ? Une telle situation risquerait-elle de causer un préjudice à l'entreprise que vous avez mis tant d'énergie à bâtir, voire de la réduire à néant ?

ASSURANCE-INVALIDITÉ ET ASSURANCE MALADIES GRAVES : D'IMPORTANTES PRÉCAUTIONS

Que vous soyez un jeune professionnel ou le propriétaire d'une entreprise prospère, il importe de disposer d'une assurance-invalidité et d'une assurance maladies graves qui vous protègent suffisamment en cas d'imprévu. Le revenu que vous touchez au cours de votre vie professionnelle repose sur votre capacité de travail au quotidien. Cette aptitude au travail constitue d'ailleurs votre atout le plus précieux.

Or, si vous devenez invalide et qu'il vous est impossible de reprendre vos activités professionnelles avant un long moment, tout ce que vous aurez bâti jusque-là risque de s'effondrer si vous n'avez pas prévu de protection suffisante. Je n'exagère pas en affirmant que vous risquez de tout perdre, parce que j'ai trop souvent vu cette situation se produire. Ce train de vie que vous avez acquis au prix de tant d'efforts dépend de votre revenu. Si vous ne possédez pas le montant d'assurance-invalidité approprié, la lutte pour le paiement des dépenses du ménage au cours des premières semaines et des premiers mois d'une maladie débilitante risque de se transformer en un combat pour conserver la maison. En revanche, si vous vous êtes doté de cette importante protection, vous en obtiendrez un revenu mensuel – selon le montant d'assurance que vous avez souscrit – pour la durée de votre invalidité.

Si vous êtes propriétaire d'une entreprise prospère, vous devriez également faire l'acquisition d'une assurance maladies graves. Les polices de base couvrent trois maladies : cancer, accident vasculaire cérébral et maladie du cœur. L'expérience montre que quatre maladies sont à elles seules responsables d'environ 80 % des réclamations[5], à savoir les trois maladies que nous venons de citer, ainsi que la sclérose en plaques. Moyennant une prime mensuelle accrue, vous pouvez obtenir une protection contre quelque vingt-cinq autres maladies. De plus, contrairement à l'assurance-invalidité, l'assurance maladies graves vous verse un paiement forfaitaire non imposable qui vous permet de disposer de liquidités supplémentaires pour faire face à d'autres dépenses liées à votre maladie. Je précise toutefois que vous pouvez utiliser cet argent comme vous l'entendez. Vous devenez admissible à ce versement forfaitaire trente et un jours après avoir reçu votre diagnostic.

Autre avantage important de cette assurance : les polices que nous recommandons donnent accès aux services de Best Doctors, un réseau formé des meilleurs médecins au monde. Best Doctors procède à l'étude des examens ayant mené à votre diagnostic afin d'en vérifier la justesse, puis vous recommande les spécialistes de réputation internationale les mieux à même de vous traiter efficacement. Vous pouvez donc utiliser le paiement forfaitaire qui vous est versé notamment pour vous offrir ces traitements.

STRATÉGIE RELATIVE À L'ACHAT D'UNE ASSURANCE MALADIES GRAVES

Le saviez-vous? Vous avez la possibilité de faire acheter votre protection d'assurance maladies graves et votre protection d'assurance-vie par votre entreprise. N'est-ce pas formidable! L'entreprise devient ainsi titulaire et bénéficiaire de la police, et vous êtes la personne assurée. Comme le contrat appartient à l'entreprise, les primes sont payées au moyen de ses profits, lesquels sont imposés au taux des sociétés – soit environ 19 % – plutôt qu'à même votre propre revenu, dont le taux d'imposition peut atteindre 53 %.

Disons que vous avez quarante ou quarante-cinq ans. Votre entreprise poursuit sa croissance et se porte bien. Rien ne pourrait apparemment entraver son bon fonctionnement, si ce n'est un accident ou une maladie grave qui vous obligerait à cesser le travail pendant une période prolongée. En pareille situation, tout risque de s'effondrer. Toutefois, si vous possédez l'assurance appropriée, le résultat de votre absence pourrait se révéler moins catastrophique pour l'entreprise : comme celle-ci sera titulaire de la police, l'assureur lui versera les prestations directement. Elle bénéficiera donc d'une protection financière si vous n'êtes pas en mesure d'en assumer la direction. L'argent de l'assurance pourra servir à embaucher d'autres personnes chargées de remplir vos responsabilités jusqu'à ce que vous soyez en mesure de reprendre le travail. Il s'agit là d'une stratégie d'affaires des plus judicieuses.

Qu'arrive-t-il si aucune prestation ne vous est versée au titre de l'assurance alors que vous payez les primes annuelles depuis quinze ans? Voici un exemple de la façon dont les choses pourraient se passer. Lorsque quinze années se sont écoulées, votre entreprise peut choisir d'annuler la protection relative à l'assurance maladies graves ou à l'assurance-invalidité. Toutes les primes payées lui sont alors remboursées, mais grâce à une convention de propriété partagée, c'est à vous, la personne assurée, qu'est versée cette somme exempte d'impôt. Tous les propriétaires d'une entreprise florissante devraient tirer parti de cette extraordinaire stratégie!

ASSURANCE RACHAT EN CAS D'INVALIDITÉ : UN INCONTOURNABLE

Si vous ou l'un de vos associés êtes frappé d'invalidité et incapable de travailler durant une période prolongée ou indéterminée, cette situation dramatique aura-t-elle des conséquences désastreuses sur le fonctionnement de l'entreprise? Dans la plupart des cas, la réponse à cette question est nettement affirmative.

Un propriétaire ou un associé invalide représente souvent un double fardeau pour l'entreprise. D'une part, celle-ci doit vraisemblablement continuer de verser son salaire à la personne invalide durant son arrêt de travail. D'autre part, c'est à l'autre associé – ou aux autres associés – qu'il incombe de prendre en charge le surplus de travail qu'entraîne son absence.

En faisant l'acquisition d'une assurance rachat en cas d'invalidité avant qu'une invalidité survienne, l'entreprise peut offrir une solution mutuellement acceptable à cette difficile situation. Ce type de police est spécialement conçu en vue de verser une indemnité correspondant au montant de rachat préétabli dont ont convenu les propriétaires. Bien que le montant du rachat soit généralement versé sous la forme d'un paiement forfaitaire, un plan peut permettre sa répartition en paiements périodiques si on le souhaite.

Les polices liées à l'assurance rachat en cas d'invalidité comportent un délai de carence allant de douze à vingt-quatre mois. Cette période d'attente laisse suffisamment de temps pour déterminer si le propriétaire ou l'associé invalide sera ou non en mesure de reprendre le travail.

ASSURANCE-VIE : UNE INDISPENSABLE MESURE

SITUATION RÉELLE

J'ai récemment rencontré une jeune femme propriétaire d'une pharmacie. Même si elle n'a que trente-deux ans, cette battante se trouve indéniablement sur la voie de la réussite professionnelle. Je lui ai fait part des avantages fiscaux de l'assurance-vie permanente en soulignant que celle-ci s'assortit d'une valeur croissante de rachat brute, mais mes explications n'ont pas semblé intéresser outre mesure mon interlocutrice. Elle m'a en fait indiqué qu'elle avait besoin de temps pour réfléchir.

Deux mois plus tard, la jeune femme est revenue me voir. Elle venait d'assister à un congrès de propriétaires de pharmacies au cours duquel elle s'était entretenue avec un propriétaire d'une soixantaine d'années du genre d'assurance-vie avec participation dont nous avions discuté. L'homme lui a dit regretter de ne pas s'être assuré davantage. « Si j'avais su à ton âge ce que je sais aujourd'hui, j'aurais pris beaucoup plus d'assurance, » lui a-t-il confié.

Convaincue par ces aveux, elle s'est empressée de souscrire une assurance-vie.

Comme il ne fait aucun doute que vous mourrez un jour, vous devez souscrire une assurance-vie permanente dès que vous en avez les moyens, et le plus tôt sera le mieux.

Il va sans dire que plus vous avancez en âge, plus l'assurance-vie permanente devient coûteuse et difficile à obtenir. Vous achetez l'assurance-vie permanente à prime fixe. Et au risque de me répéter, plus tôt vous investissez dans une assurance-vie de haute qualité, moins votre prime mensuelle est élevée.

Contrairement à l'assurance-vie temporaire, l'assurance-vie permanente demeure en vigueur jusqu'à votre décès – sans égard à votre âge – aussi longtemps que vous acquittez vos primes. Elle comporte deux volets distincts. Le premier, le capital assuré, est le montant qui sera versé à vos bénéficiaires lors de votre décès. Le second, la valeur de rachat brute, est la somme amassée au moyen d'une partie de vos primes. Si l'assurance-vie permanente pour laquelle vous optez comporte une valeur de rachat brute, il importe que vous compreniez les risques d'investissement et les rendements à long terme liés aux produits dont vous faites l'acquisition. Consultez votre conseiller en sécurité financière pour obtenir tous les renseignements nécessaires avant d'investir dans une assurance-vie.

Au Canada, les frais funéraires s'élèvent en moyenne à 15 000 $, mais peuvent aisément dépasser ce montant. Si vous possédez une entreprise prospère, il faudra vraisemblablement acquitter des droits de succession sur votre patrimoine, à moins que celui-ci soit transféré à votre conjoint ou conjointe. Vos bénéficiaires n'auront pas à payer d'impôt sur la plus-value de votre résidence principale, mais si vous possédez un chalet, un duplex loué ou d'autres biens immobiliers, l'augmentation en valeur de ceux-ci depuis le moment où vous en avez fait l'acquisition sera imposée. Un décès peut donc se révéler coûteux, dans notre pays. Surtout si vous n'avez pas songé à consulter un conseiller financier de confiance pour planifier l'inévitable.

Il convient d'abord de calculer combien vous devrez en impôt à votre décès. L'assurance-vie constitue la meilleure façon d'acquitter les droits de succession. Sans doute avez-vous consacré des années à bâtir votre entreprise. Vous avez toujours cru que votre chalet ou vos autres biens iraient à vos enfants, mais si vous ne possédez pas de protection d'assurance-vie suffisante, ils se verront peut-être forcés de vendre une partie de ces biens, ou même votre entreprise, pour régler tous les impôts. Il importe donc de disposer d'une assurance-vie qui permettra de couvrir toutes ces dépenses.

Il a été question de l'assurance-vie avec participation au chapitre précédent, mais qu'il me soit permis de m'y attarder de nouveau ici. L'assurance-vie avec participation est une forme d'assurance-vie permanente que je recommande souvent à mes clients, parce qu'elle offre des avantages fiscaux ainsi qu'une valeur de rachat acquise. Elle fournit en outre aux assurés l'occasion de toucher des dividendes, bien que ceux-ci ne soient pas garantis. Les titulaires d'une police n'ont plus à s'efforcer de surpasser les marchés, puisque les équipes de spécialistes des compagnies d'assurance gèrent l'aspect « investissement » des produits d'assurance-vie avec participation.

Une bonne assurance-vie avec participation vous permettra vraisemblablement d'obtenir un taux de rendement sur la partie de votre contrat consacrée à l'investissement. Si vous touchez des dividendes, ceux-ci peuvent servir à réduire les versements relatifs à vos primes, ou à acquérir un supplément d'assurance-vie. Vous pouvez également choisir de recevoir chaque année un chèque correspondant au montant de votre « participation », mais celui-ci sera imposable.

Je recommande toujours que cette participation annuelle soit ajoutée à la valeur de rachat que vous obtenez, laquelle figure à titre d'élément d'actif au bilan de votre entreprise. Comme je l'ai signalé plus haut, l'assurance-vie permanente comporte deux composantes distinctes : la première, le capital assuré, est le montant qui sera versé à vos bénéficiaires lors de votre décès. La seconde, la valeur de rachat brute, est la somme amassée au moyen d'une partie de vos primes. Certains produits d'assurance se révèlent très efficaces lorsqu'il s'agit de constituer d'importantes valeurs de rachat : ce sont les mieux indiqués pour vous. La loi impose une somme maximale qu'il est permis d'amasser chaque année dans ce genre de produit, mais vous ne payez l'impôt sur cette somme qu'au moment où vous la retirez.

Lorsqu'on possède ce type d'assurance, c'est toujours avec plaisir qu'on atteint le point d'équilibre entre le montant versé et la valeur de rachat. Cela se produit généralement entre la huitième et la douzième année. Par exemple, vous avez versé 25 000 $ par année pendant dix ans dans votre assurance-vie avec participation, c'est-à-dire 250 000 $. À cette étape, la valeur de rachat de votre police se chiffre aussi à environ 250 000 $: votre assurance-vie ne vous a donc rien coûté ou presque.

Disons maintenant que vous continuez de payer votre police pendant dix autres années, soit un total de vingt ans. À raison de 25 000 $ par année, cela représente 500 000 $. Mais la valeur de rachat de votre assurance se situe à présent entre 675 000 $ et 750 000 $! La valeur de rachat que vous obtenez est nettement supérieure au montant des primes payées. Après vingt ans, il se peut que vous n'ayez plus à payer ces primes, mais la valeur de rachat, elle, continue de croître. Il vous est même possible de la retirer en tout ou en partie et de l'utiliser au moment de la retraite. Rappelez-vous toutefois qu'il vous faudra payer de l'impôt sur l'argent que vous toucherez.

Le moment n'est pas encore venu pour vous de payer d'importantes primes d'assurance annuelles? Si vous êtes toujours assurable, vous pourriez songer à souscrire une assurance-vie temporaire que vous transformerez en assurance-vie permanente quand bon vous semblera – sans avoir à produire de preuve d'assurabilité.

STRATÉGIE PERMETTANT D'ASSURER LES PARENTS DU PROPRIÉTAIRE D'UNE ENTREPRISE

Lorsqu'une entreprise souscrit une assurance-vie, l'indemnité versée en cas de décès revêt toujours un statut particulier : elle va directement dans un compte de dividendes en capital (CDC). Un CDC est un compte d'entreprise qui procure aux actionnaires des dividendes en capital désignés exempts d'impôt ou presque.

Voici une stratégie à laquelle nous avons recours pour nos clients dont l'âge se situe entre quarante-cinq et cinquante-cinq ans. Il est possible de prendre une assurance-vie sur la tête de ses parents, avec leur accord.

Vous souscrivez d'abord la police au nom de vos parents. Dès qu'elle est émise, vous la transférez à votre société de portefeuille. La loi vous autorise à effectuer ce transfert et à désigner votre société de portefeuille à titre de bénéficiaire et payeur de toutes les primes. Ainsi, vous n'aurez jamais à acquitter les primes personnellement : l'entreprise s'en charge à elle seule. Le taux d'imposition appliqué aux primes correspond à celui de l'entreprise, soit 20 % environ.

Puisque vos parents décéderont normalement entre vingt-cinq et trente ans avant vous, l'indemnité de décès sera versée à votre société de portefeuille par l'intermédiaire du CDC à un taux d'imposition négligeable, voire nul.

En supposant que vos parents vivent très longtemps et que le montant des primes que paie votre entreprise est égal à celui de l'indemnité de décès, il y a tout de même un avantage fiscal à acquérir l'assurance-vie de cette façon. Cet avantage tient au fait que vous pouvez à présent retirer l'argent de votre compte d'entreprise sans avoir à payer d'impôt. Si vous aviez conservé dans un compte personnel le montant de la prime mensuelle acquittée par votre entreprise, il vous aurait fallu payer l'impôt de 40 % sur les dividendes.

Il importe que vos frères et sœurs comprennent cette stratégie avant que vous la mettiez en œuvre. Ils doivent savoir que puisque l'entreprise paie les primes, c'est à elle – et non à eux – que reviendra l'indemnité de décès. Rien ne mérite qu'une telle opération provoque une querelle familiale qui risque de durer des années.

STRATÉGIE ADOSSÉE PERMETTANT DE PROTÉGER VOTRE PATRIMOINE

Votre entreprise n'ayant cessé de prospérer avec les années, vous décidez, lorsque vous atteignez soixante-cinq ans, de la vendre et de prendre votre retraite. Vous en laissez donc la responsabilité au nouveau propriétaire, mais possédez toujours 20 millions de dollars dans votre société de portefeuille. En supposant qu'au cours des dix ou vingt années qui suivent, vous profitez pleinement de la vie et dépensez 10 millions de dollars, votre société de portefeuille partie de zéro vaut à présent 10 millions : cette somme représente les gains en capital réalisés. Au Canada, vos bénéficiaires doivent payer 25 % d'impôt sur les gains en capital, un pourcentage fondé sur votre dernière déclaration de revenus. Par conséquent, à votre décès, 2,5 millions vont directement à l'impôt. Vos bénéficiaires possèdent maintenant une société de portefeuille de 7,5 millions de dollars constituée de comptes bancaires et d'autres investissements. S'ils souhaitent verser cette somme dans leurs comptes personnels, il leur faudra déclarer un dividende et payer un autre 40 % environ sur les 7,5 millions restants.

Ainsi, la société de portefeuille de 10 millions que vous avez laissée à vos proches vaut à présent 4,5 millions (soit 10 millions - 2,5 millions d'impôt sur les gains en capital, - 3 millions d'impôt sur les dividendes).

Si vous souhaitez qu'une part plus importante du patrimoine que vous avez mis des années à constituer revienne à vos bénéficiaires à votre décès, il existe une façon de procéder fort judicieuse. Vos héritiers peuvent en fait éviter de verser les 40 % d'impôt sur les dividendes, pour peu que vous ayez songé à vous doter d'un plan approprié.

Modifions un peu le scénario. Vous avez maintenant soixante-dix ans. Plutôt que de laisser les 10 millions dans la société de portefeuille en sachant qu'une part importante de cette somme ira à l'impôt à votre décès, votre entreprise choisit de l'investir dans une rente. Alors qu'une assurance-vie repose sur le principe selon lequel vous versez de petits montants des années durant à la société d'assurance et celle-ci vous remet (ou remet à vos bénéficiaires) par la suite une somme importante, la rente fonctionne à l'inverse : vous remettez une forte somme à la société d'assurance, et celle-ci vous verse de petits montants régulièrement. Pour en revenir aux 10 millions, disons que la société d'assurance convient de vous verser une rente annuelle de 500 000 $ jusqu'à la fin de votre vie. Mais avant de retirer l'argent de votre société de portefeuille, il vous faut franchir une autre étape.

Vous devez souscrire une assurance-vie d'une valeur nominale de 10 millions de dollars, mais il vous faudra l'acquérir auprès d'une société autre que celle où vous vous êtes procuré la rente. Comme vous avez maintenant soixante-dix ans, la prime d'assurance-vie sera coûteuse : elle s'établira à 125 000 $ par année au moins. Son coût sera bien sûr fonction de votre état de santé, mais même s'il s'élève à un million de dollars, la rente vous rapportera un montant à peu près équivalent, puisqu'elle repose sur des tables de mortalité similaires à celles de l'assurance-vie.

Le moment est maintenant venu de faire passer la totalité des 10 millions de dollars de votre société de portefeuille à l'entreprise qui vous versera une rente. Votre société de portefeuille se trouve par conséquent à zéro, ce qui signifie qu'aucun impôt sur les gains en capital ne sera prélevé à votre décès et que vos héritiers n'auront pas non plus à acquitter 40 % d'impôt sur les dividendes lorsqu'ils toucheront l'argent que vous avez souhaité leur laisser.

Chaque année, et jusqu'à la fin de votre vie, vous utiliserez la rente de 125 000 $ que vous recevez afin de payer votre assurance-vie. À votre décès, la société d'assurance-vie versera 10 millions dans votre CDC, ce qui permettra à vos bénéficiaires de toucher leur héritage sans payer d'impôt ou presque.

Voilà une stratégie formidable! Si vous êtes toujours assurable, il s'agit indéniablement de la meilleure façon de protéger votre patrimoine sans courir le moindre risque. Aucun autre investissement au monde ne se compare à celui-là. Aucun autre investissement au monde ne permettrait à votre famille d'encaisser intégralement les 10 millions que vous lui léguez.

Nous avons l'habitude de dire à nos clients que nous n'essayons pas de surpasser les marchés, mais bien les impôts. Nous nous conformons à la loi, mais l'utilisons à l'avantage de nos clients. Cette stratégie est impeccable. Elle ne comporte pas de zone grise. Nous l'appelons la stratégie d'entreprise adossée, puisqu'il s'agit d'une rente adossée à une assurance-vie.

NOUS N'ESSAYONS PAS DE SURPASSER LES MARCHÉS, MAIS BIEN LES IMPÔTS.

CHAPITRE 7

SURMONTER LES OBSTACLES

STRATÉGIES PERMETTANT DE PROTÉGER LE PERSONNEL CLÉ

SITUATION RÉELLE

Nous nous penchons en ce moment sur la situation d'une entreprise où travaille un employé clé également associé qui occupe les fonctions de président et chef de la direction. Il s'agit du seul associé dont le travail se rattache aux activités de l'entreprise. Les deux autres collaborateurs sont des associés passifs qui ont contribué à financer la société.

Si cet homme devient tout à coup handicapé, s'il contracte une maladie grave ou s'il meurt, l'entreprise s'effondrera vraisemblablement. Parce qu'il joue un rôle essentiel à la poursuite des affaires, nous veillons à ce que l'entreprise souscrive pour lui d'importantes polices d'assurance, c'est-à-dire une assurance-vie d'environ 7 millions de dollars et sans doute le maximum qu'il nous est possible d'obtenir en assurance maladies graves au Canada, soit 2,5 millions. Advenant son décès, l'assurance-vie suffira probablement à rembourser les investisseurs. Advenant une invalidité ou une maladie grave, elle permettra peut-être d'embaucher un autre président-directeur général pour le remplacer et éviter ainsi la dérive de l'entreprise.

EN CAS D'INVALIDITÉ

Le fait de disposer d'un plan permettant de parer à l'invalidité d'un employé clé marque souvent la différence entre la survie et l'échec d'une entreprise. La description sommaire des employés clés figure d'ailleurs parmi les renseignements les plus précieux que nous recueillons dans le cadre de notre évaluation initiale. Quelles fonctions essentielles chacune de ces personnes exerce-t-elle? Si l'une d'elles devait s'absenter un mois, six mois, un an, ou en permanence, dans quelle mesure serait-il difficile de la remplacer?

Si vous êtes non seulement le propriétaire de l'entreprise, mais un employé clé de celle-ci, il importe que vous vous demandiez ce qui se produira si vous vous trouvez dans l'incapacité de vous présenter au travail pendant une période prolongée. À quel moment l'entreprise commencera-t-elle réellement à éprouver des difficultés? Si elle est suffisamment grande, dotée d'une importante structure et qu'elle comporte plusieurs vice-présidents, il se peut qu'en votre absence, tout continue de se dérouler comme à l'habitude. Vous toucherez quand même vos revenus, puisque votre salaire et vos dividendes seront maintenus.

Toutefois, les entreprises avec lesquelles nous travaillons sont pour la plupart de taille moyenne et leur président ou propriétaire demeure la personne clé qui se charge de tous les contrats et recrute une grande partie des clients, sinon tous. Si cette personne n'est plus sur les lieux pour veiller au bon fonctionnement des activités courantes, la situation risque de dégénérer rapidement. C'est ici qu'entre en jeu l'assurance-invalidité.

En votre qualité de propriétaire d'une moyenne entreprise prospère, vous ne souhaitez sans doute pas infliger à celle-ci l'obligation de payer à la fois votre salaire et celui de votre remplaçant ou remplaçante. Si vous gagnez par exemple 150 000 $ par année, il vous faut une assurance-invalidité qui couvrira entièrement ce montant : vous disposerez ainsi des fonds suffisants pour embaucher celui ou celle qui assurera la gestion de l'entreprise pendant la période de votre invalidité.

Parfois très durs envers eux-mêmes, les propriétaires d'entreprises sont nombreux à affirmer qu'il faudrait davantage qu'une jambe cassée ou un fauteuil roulant pour les empêcher de travailler. Mais si votre entreprise fait l'acquisition d'une assurance-invalidité, votre salaire vous sera versé pendant que vous récupérez d'une blessure qui vous immobilisera un certain nombre de mois. Et en cas d'invalidité plus grave, l'assurance vous protégera des années durant.

Le produit d'assurance-invalidité que nous recommandons le plus souvent couvre le salaire du propriétaire jusqu'à ce que celui-ci atteigne soixante-cinq ans. S'il devient par exemple invalide à cinquante ans, il touchera tout de même son plein salaire jusqu'à soixante-cinq ans.

Le principe vaut également si vous avez des associés. Disons que vous êtres trois propriétaires et que chacun de vous s'acquitte de tâches différentes. Si l'un des associés est frappé d'invalidité, les deux autres ne devraient pas avoir à assumer le fardeau financier que représenterait le salaire de la personne invalide tout en ayant par surcroît l'obligation d'embaucher un remplaçant ou une remplaçante qui prendra en charge ses importantes responsabilités.

Votre entreprise peut aussi pourvoir à l'assurance-invalidité d'autres employés clés.

EN CAS DE MALADIE GRAVE

Il m'arrive souvent, dans le cadre de mon travail, de rencontrer des propriétaires d'entreprises qui ont la cinquantaine et semblent avoir réussi sur tous les plans. Leur entreprise est florissante, l'argent ne fait pas défaut et tout semble s'orienter vers une retraite parfaite à soixante ans. Lorsque je leur demande quelle serait la seule chose qui pourrait entraîner un dérapage, faire dévier entièrement leurs plans, et qui aurait le pouvoir de détruire ce qu'ils ont mis des années à bâtir – outre une défaillance importante du marché – ils me répondent presque toujours « une maladie grave ».

Les propriétaires d'entreprises sont nombreux à se croire à l'abri d'une maladie grave. Malheureusement, la maladie frappe tous les jours et sans distinction. Il importe donc de vous demander ce que deviendrait l'entreprise si vous faisiez un AVC, une crise cardiaque, ou si on vous apprenait que vous avez un cancer, la maladie de Parkinson, la sclérose en plaques ou une autre maladie dévastatrice. Et qu'arriverait-il à votre famille?

Il est facile de protéger l'avenir de votre entreprise contre les maladies graves qui pourraient vous frapper le long du parcours.

Celle-ci peut acquérir une assurance maladies graves qui vous versera un montant forfaitaire pouvant atteindre 2,5 millions de dollars si vous survivez trente jours après avoir reçu le diagnostic. Mais il y a plus étonnant encore : vous pouvez faire acheter l'assurance maladies graves sur votre tête par votre entreprise afin de protéger cette dernière dans l'éventualité où vous ne pourriez vous trouver sur les lieux.

Vous faites par exemple une crise cardiaque. Trente-et-un jours plus tard, la compagnie d'assurance expédie à votre entreprise un chèque au montant intégral de votre protection. Si vous avez souscrit l'assurance appropriée, votre absence peut ne pas se révéler catastrophique. Puisque votre entreprise est titulaire de la police, l'assureur lui verse directement ce montant : elle est donc protégée financièrement si vous n'êtes pas en mesure d'en assurer la direction, et peut utiliser cet argent pour s'adjoindre une personne qui s'acquittera de vos responsabilités jusqu'à votre retour, (ou en permanence s'il y a lieu).

Lorsque l'entreprise reçoit le montant forfaitaire, vous pouvez également prélever un dividende qui vous permettra de remplir vos obligations financières et celles de votre famille jusqu'à votre guérison. J'insiste sur le fait que certaines assurances maladies graves donnent accès aux services de Best Doctors, lesquels consistent à examiner de près votre diagnostic et souvent, à l'approfondir, puis à vous orienter vers les meilleurs spécialistes au monde selon la maladie grave dont vous souffrez. Si vous décidez de vous prévaloir des traitements de l'un de ces spécialistes, votre entreprise retirera la somme nécessaire et vous pourrez l'utiliser sous forme de dividende.

STRATÉGIE DE PARTAGE
DES PRIMES

Matière à réflexion : une société active acquitte pour son propriétaire la totalité des primes relatives à l'assurance maladies graves. Après quinze ans, il est possible de faire en sorte que les primes payées par l'entreprise reviennent intégralement au propriétaire et fassent l'objet d'un taux d'imposition peu élevé.

Voici comment fonctionne la stratégie. Disons que votre entreprise paie une prime de 25 000 $ par année en contrepartie d'une assurance maladies graves qui lui offre une protection d'un million de dollars. Si vous n'avez jamais à recourir à cette assurance, le montant de vos primes, soit 375 000 $, vous est entièrement remboursé et vous est versé directement après quinze ans.

Cette façon de procéder présente un avantage fiscal. Normalement, si vous souhaitez faire passer 375 000 $ de votre compte de gestion à votre compte personnel, il vous faut payer près de 40 % d'impôt sur votre dividende, c'est-à-dire 146 250 $. Dans ce cas de figure, vous expédiez vos primes chaque année à votre assureur et quinze ans plus tard, vous pouvez annuler l'assurance maladies graves, et le montant total des primes que votre entreprise a versées vous est remboursé en tout ou en partie selon la situation. Le propriétaire de l'entreprise paie de l'impôt sur une partie de la prime qui lui est remise, mais il s'agit d'un montant inférieur au quelque 40 % qu'il lui aurait fallu payer sur son dividende. L'assurance maladies graves d'un million de dollars souscrite pour protéger l'entreprise durant quinze ans si vous êtes frappé d'une telle maladie n'a rien coûté ou presque, si ce n'est l'intérêt que vous auriez peut-être touché si vous aviez investi cette somme autrement.

Il est à noter que cette stratégie s'appuie sur les lois qui régissent le secteur des assurances au Canada au moment de la rédaction du présent ouvrage. Ces lois peuvent changer n'importe quand. Cela dit, même sans les avantages fiscaux, les primes peuvent être remboursées à votre entreprise après quinze ans. L'une des possibilités les moins réjouissantes serait que vous ayez à payer un dividende sur ce montant lorsque vous le retirerez du compte de l'entreprise. Dans l'intervalle, cette dernière s'est trouvée protégée financièrement pour le cas où vous auriez contracté une maladie grave durant cette période.

PROTECTION DES EMPLOYÉS CLÉS NON-ACTIONNAIRES

Le fait d'attirer et de conserver les employés clés qui ne sont pas actionnaires peut jouer un rôle important dans la réussite globale de votre entreprise. Et s'il arrive que l'un d'eux soit atteint d'une maladie grave, son absence prolongée ne sera vraisemblablement pas sans conséquence. Tout comme elle le fait pour vous, votre entreprise peut acquérir une assurance maladies graves qui protégera cette personne si elle se trouve dans l'impossibilité de travailler pendant une longue période.

Cette assurance peut en outre vous servir à maintenir en poste d'importants membres de votre personnel au moyen de l'entente de partage des primes. Disons que vous souscrivez une assurance maladies graves sur la tête d'un employé clé. L'entreprise est la bénéficiaire de cette protection puisqu'elle paie les primes, mais le contrat peut comporter un avenant selon lequel la prime pourrait être remboursée après quinze ans. Il est également possible d'établir avec cet employé clé une entente selon laquelle les primes lui seront directement versées si la police demeure inutilisée durant quinze ans. Le fait de savoir qu'il ou elle recevra un important versement en espèces après quinze ans de service au sein de l'entreprise constitue pour l'employé une formidable mesure incitative. Seule la part de la prime affectée au remboursement sera imposée, et à un faible taux.

FINANCEMENT DES CONVENTIONS D'ACHAT-VENTE

Vous vous rappelez la convention entre actionnaires non signée dont j'ai fait état au Chapitre 4? Eh bien, ce n'est pas la seule bombe à retardement que peut renfermer ce genre d'entente.

Durant notre processus d'évaluation initial, mon fiscaliste et moi travaillons de la base au sommet afin de nous assurer que l'entreprise repose sur des assises solides. L'un des aspects importants de notre démarche consiste à passer en revue toutes les conventions entre actionnaires qui ont été adoptées. Ces conventions comportent généralement une clause selon laquelle les associés sont tenus de posséder une assurance leur permettant de financer le rachat des actions de la société advenant le décès ou l'invalidité de l'un d'eux. Il s'agit d'une obligation légale et elle figure au contrat.

Il nous est arrivé à quelques reprises de faire valoir à des associés que la loi les oblige à racheter dans les douze à vingt-quatre mois – dix-huit mois constituant le délai le plus courant – les actions d'un partenaire frappé d'incapacité. Ceux-ci nous ont bien souvent répondu qu'ils « ne [voulaient] pas payer pour ça », ou qu'ils « [n'avaient] pas besoin de ça ». Lorsque rien ne se produit, tout est parfait. Mais le problème se pose dès que survient un malheur, par exemple si l'un des associés se trouve plongé dans le coma à la suite d'un grave accident de voiture. Après dix-huit mois, la conjointe de celui-ci se rend chez son avocat, lequel communique avec le ou les associés survivants et les enjoint de payer, conformément aux modalités du contrat.

Si vous êtes la partie lésée, il est très pertinent qu'une telle clause figure dans la convention entre actionnaires. Revenons au scénario des trois associés : chacun d'eux pourrait constituer la partie lésée. Le fait de disposer de l'assurance appropriée pour financer l'entente de rachat aide bien sûr la famille du partenaire blessé, mais garantit également la survie de l'entreprise : à défaut d'avoir souscrit une telle assurance, celle-ci se trouvera forcée par la loi de verser la somme nécessaire au rachat des actions de l'associé frappé d'incapacité.

Non seulement l'entreprise doit-elle acquérir ce type d'assurance pour les associés, il importe en outre de réviser la protection de temps à autre et de la tenir à jour. Je m'explique.

Disons qu'au moment où deux personnes signent une convention à parts égales entre actionnaires, leur toute jeune entreprise vaut un million de dollars. Le montant de l'assurance-vie nécessaire au rachat des actions des bénéficiaires par l'entreprise advenant le décès d'un associé est fonction de la valeur de l'entreprise au moment de la signature de la convention entre actionnaires.

Après cinq ans de dur labeur, les associés sont parvenus à accroître la valeur de leur entreprise, laquelle s'établit maintenant à 10 millions de dollars. Mais la protection d'assurance-vie a-t-elle augmenté en conséquence? Si l'un des associés meurt subitement, l'entreprise a l'obligation, conformément aux modalités de la convention entre actionnaires, de racheter les participations du partenaire décédé. Sans assurance-vie, l'entreprise aura-t-elle les moyens de verser 5 millions à la famille? Ou l'associé survivant devra-t-il vendre la société pour remplir ses obligations contractuelles?

Souvent, nous recommandons une assurance temporaire de vingt ans sur la tête de chaque associé en vue de couvrir l'entente de rachat en cas de décès de l'un d'eux. Durant cette période, si l'entreprise n'est pas vendue et poursuit ses activités, l'assurance temporaire pourra être transformée en une assurance permanente.

Autre aspect à prendre en considération : si c'est vous qui décédez et que l'entreprise s'effondre immédiatement parce que vous étiez le cerveau de son exploitation, votre famille devra toucher sa part *avant* votre décès, parce que l'entreprise risque de perdre une grande partie de sa valeur lorsque vous ne serez plus là. Si la part qui vous revient à votre décès s'élève à 2 millions de dollars, votre assurance (et celle de vos associés) doit correspondre à ce montant. L'entente stipule que vous devez utiliser l'assurance en priorité pour acquitter les actions. En d'autres termes, l'entreprise ne peut se servir du montant versé par l'assurance pour faire l'acquisition de matériel plutôt que de racheter les actions de vos bénéficiaires.

Supposons toutefois que vous et vos associés avez planifié dans la perspective d'une éventuelle croissance et souscrit une assurance-vie dont la valeur dépasse celle de l'entreprise. Plutôt que d'acquérir une assurance-vie de 2 millions de dollars sur la tête de chacun, l'entreprise a acquis une assurance de 5 millions par associé. Pour peu que la convention entre actionnaires précise clairement que la valeur de l'entreprise est calculée selon le montant de l'assurance-vie souscrite, si ce montant correspond à 5 millions de dollars par associé, les bénéficiaires toucheront l'intégralité de cette somme, même si les actions de l'associé décédé ne la valent pas. Il est par ailleurs à noter que dans le présent exemple, si les actions de l'associé sont évaluées à 5,5 millions de dollars au moment de son décès, l'entreprise utilisera les 5 millions que lui versera la compagnie d'assurance, mais il lui faudra payer la somme restante de 500 000 $.

La santé à long terme de votre entreprise requiert donc une révision annuelle de ses besoins en assurance, lesquels doivent s'harmoniser à sa valeur effective. Mieux vaut toujours être un peu trop assuré que trop peu. À ma connaissance, jamais un bénéficiaire ne s'est plaint du fait que l'actionnaire lui avait laissé trop d'argent en assurance-vie.

Les conventions entre actionnaires prévoient en outre fréquemment que si un associé se trouve frappé d'invalidité pendant une période pouvant aller de douze à vingt-quatre mois suivant les modalités de l'entente, l'autre associé est tenu de racheter ses actions. Se doter d'une assurance-invalidité contribue à garantir la santé et la longévité de l'entreprise.

CHAPITRE 8

FRANCHIR LA LIGNE D'ARRIVÉE

STRATÉGIES PERMETTANT DE PLANIFIER SA RETRAITE

Lorsque vous mettez sur pied votre entreprise, il importe d'établir dès que possible une stratégie relative à la retraite. Pour assurer la sécurité de votre avenir, il vous faut absolument investir au moins une partie de vos revenus de retraite dans un produit stable sur lequel les constantes fluctuations des marchés n'auront pas d'incidence.

Supposons par exemple que vous possédez une entreprise spécialisée dans la vente d'œufs. Vous en tirez un revenu important et elle continue de croître d'année en année. Jusqu'au jour où paraît un rapport selon lequel les œufs représentent la principale cause d'une terrible maladie. Qu'adviendra-t-il alors de votre entreprise et que deviendront vos projets de retraite? Nul besoin d'exploiter une entreprise faisant le commerce des œufs pour voir où je veux en venir. Mettre de côté chaque année une partie de vos revenus vous assurera une retraite confortable, même si vous affrontez quelques années difficiles au fil du parcours.

Je ne saurais par ailleurs trop vous recommander de mettre une part, voire la totalité de vos revenus de retraite dans des fonds distincts, vendus en grande partie par les compagnies d'assurance. Si le pire se produit et que votre entreprise fait faillite, l'argent placé dans les fonds distincts ne pourra être saisi. Disons que celle-ci fait l'objet d'une poursuite pour cause de faute professionnelle ou en raison d'un impôt rétroactif établi par le gouvernement : cette poursuite entraînera peut-être la perte de l'entreprise, mais ni les avocats ni le gouvernement n'auront accès à l'argent que vous aurez placé dans des fonds distincts.

REER ET CELI

J'ai expliqué, dans la première partie du présent ouvrage, l'importance de financer une partie de sa retraite au moyen de deux types de comptes d'épargne bénéficiant d'un abri fiscal. En 1957, le Canada a adopté le régime enregistré d'épargne-retraite pour favoriser l'épargne en vue de la retraite. Ce compte contient les économies et les actifs de placement et offre divers avantages fiscaux, contrairement aux comptes qui ne sont pas à l'abri de l'impôt. Sont admissibles au REER les obligations, les fiducies de revenu, les actions d'entreprise, les comptes d'épargne, les fonds communs de placement, les fonds de travailleurs et les certificats de placement garanti.

Les cotisations au REER sont déductibles du revenu imposable et l'impôt est reporté jusqu'au retrait de l'argent. Et lorsque vous atteindrez l'âge de la retraite, il se pourrait que votre taux d'imposition marginal soit moins élevé.

Par exemple, si votre taux d'imposition actuel est de 50 %, vous économiserez 50 $ en impôt sur chaque tranche de 100 $ investie dans votre REER, jusqu'à concurrence de votre plafond de cotisation. De plus, comme la croissance des investissements contenus dans un REER n'est pas imposable, elle ne fera l'objet d'aucun impôt sur les gains en capital ou sur le revenu. Et puisque les REER se composent de fonds communs de placement, ils sont insaisissables en cas de faillite.

En 2009, le Canada a lancé le compte d'épargne libre d'impôt, un instrument qui permet aux adultes d'économiser toute leur vie durant sans payer d'impôt. Bien que les cotisations au CELI ne soient pas déductibles, tous les montants qui y sont versés, ainsi que les revenus engendrés, sont à l'abri de l'impôt, même au moment d'un retrait. Le CELI pourrait ainsi constituer pour vous un second moyen d'épargner en vue de la retraite.

Pour bien planifier celle-ci, il faut d'abord tirer le meilleur parti possible des abris fiscaux que constituent le REER et le CELI. Parce que vous serez en mesure d'utiliser longtemps ces véhicules, ils vous permettront d'amasser une somme importante dont vous bénéficierez lorsque vous ne travaillerez plus.

À titre de propriétaire d'une entreprise prospère, vous épargnez probablement depuis un moment déjà en vue de la retraite. Sachez toutefois qu'il existe d'autres moyens de maximiser l'efficience fiscale et de se constituer un fonds de retraite encore plus confortable à l'aide des produits d'assurance. L'assurance maladies graves inutilisée figure parmi ces moyens.

STRATÉGIE DE FINANCEMENT DE LA RETRAITE : L'ASSURANCE MALADIES GRAVES

Supposons que vous avez versé 5 000 $ par année pendant vingt ans pour obtenir une protection d'un million de dollars en cas de maladie grave. À la fin de ces vingt ans, l'assurance maladies graves dont vous n'aurez pas eu besoin vous aura coûté 100 000 $. Vous prenez aujourd'hui votre retraite et compte tenu de l'indépendance financière dont vous jouissez à présent, cette assurance vous paraît superflue : si vous tombez malade, vous serez en mesure d'assumer vous-même les frais. Il vous suffit alors de résilier le contrat d'assurance et les 100 000 $ payés vous seront remboursés intégralement. En d'autres termes, vous avez acquis cette protection d'un million de dollars au prix de l'intérêt que vous auriez touché si vous aviez investi ces 100 000 $ ailleurs.

STRATÉGIE DE FINANCEMENT DE LA RETRAITE : L'ASSURANCE-VIE

Lorsque les propriétaires d'entreprises n'ont plus besoin d'autant d'assurance-vie qu'auparavant parce qu'ils ont pris leur retraite, qu'ils n'ont plus d'hypothèque à payer tous les mois et que leurs enfants volent de leurs propres ailes, cette assurance peut constituer un revenu de retraite. Cette stratégie est semblable à celle de l'assurance maladies graves acquise par l'entreprise et inutilisée.

Voici un exemple. Vous avez quarante ans lorsque votre entreprise souscrit une police d'assurance-vie avec participation dont la valeur nominale (ou le capital-décès) est d'un million de dollars. Payée par l'entreprise pendant vingt ans, la prime annuelle de 5 000 $ est en partie investie et peut rapporter des dividendes qui s'ajoutent à la valeur de rachat brute de votre police. Lorsque vous atteindrez soixante-cinq ans, cette valeur de rachat s'élèvera vraisemblablement à 1,4 million de dollars – exempts d'impôt jusqu'au retrait de l'argent.

À soixante-cinq ans, vous décidez de prendre votre retraite. Vous avez laissé une forte somme dans votre entreprise, mais souhaitez à présent encaisser une partie de la valeur de rachat brute de votre assurance-vie afin de profiter de cette somme. Toutefois, pour faire passer l'argent des coffres de l'entreprise à votre compte personnel, il vous faudra déclarer un dividende et payer environ 40 % d'impôt sur la somme retirée. Existe-t-il un moyen de toucher cet argent sans devoir payer autant d'impôt? C'est précisément ici que notre stratégie entre en jeu.

Vous pouvez vous rendre à la banque et ouvrir une marge de crédit en utilisant la valeur de rachat brute de l'assurance-vie comme garantie. Les valeurs de rachat des polices d'assurance-vie étant cristallisées annuellement, elles ne peuvent décroître. Et puisqu'elles sont garanties, la banque consentira à vous ouvrir une marge de crédit personnelle correspondant à environ 90 % du montant, soit dans le cas présent 1,26 million de dollars. Vous aurez accès à la totalité de cette somme sans que celle-ci soit imposée, puisqu'il s'agit d'une dette, et n'aurez bien souvent aucun intérêt mensuel à verser à la banque. À votre décès, l'indemnité ira à votre entreprise puisque celle-ci est titulaire de la police. Une fois l'argent placé dans le compte de dividendes en capital de votre entreprise, vos bénéficiaires toucheront cette somme sur laquelle ils ne paieront qu'un faible taux d'imposition. Ils rembourseront à la banque le capital et les intérêts qui lui sont dus relativement à la marge de crédit, c'est-à-dire tout cet argent exempt d'impôt que vous avez utilisé de votre vivant sans avoir à déclarer de dividende. Ils paieront également des impôts sur la différence entre ce que vous a coûté la marge de crédit garantie par l'assurance et le taux que vous auriez payé si vous aviez obtenu la marge de crédit sans garantie, c'est-à-dire par exemple la différence entre des intérêts de 3 % appliqués à une marge de crédit garantie par une police d'assurance-vie et ceux de 6 % se rattachant à une marge de crédit personnelle non garantie. Il s'agit d'un taux d'imposition minime comparativement à ce qu'il aurait fallu payer si vous aviez déclaré un dividende.

CHAPITRE 9

PASSER LE TÉMOIN

STRATÉGIES PERMETTANT D'ASSURER LA RELÈVE DE L'ENTREPRISE

SITUATION RÉELLE

Mon fiscaliste et moi terminons l'évaluation d'une grande entreprise montréalaise. Après avoir travaillé toute sa vie sans se ménager, le propriétaire, âgé de près de soixante-dix ans, compte prendre sa retraite sous peu afin de profiter de la vie pendant qu'il est encore en santé. Il s'attend à ce que son fils aîné, directeur général de l'entreprise, lui succède à titre de président, et à ce que sa fille collabore elle aussi en qualité d'adjointe au marketing. L'homme a un troisième enfant, mécanicien automobile dans une autre société. Ce fils n'a jamais travaillé dans l'entreprise de son père. En examinant le testament et la fiducie du propriétaire, nous découvrons que celui-ci souhaite léguer son entreprise à parts égales à ses trois enfants. « Je veux traiter mes enfants de façon équitable, par conséquent l'entreprise doit être divisée également entre eux », affirme-t-il.

Malgré ses bonnes intentions, notre client est loin d'agir équitablement en divisant l'entreprise entre ses trois enfants. Dans ce genre de situation, somme toute assez fréquente, nous avons l'habitude de demander au propriétaire comment se sentiront les enfants qui participent à l'entreprise s'ils doivent remettre le tiers de leurs profits à celui qui n'a jamais pris part à son exploitation. Nous faisons alors remarquer qu'il existe d'autres façons d'assurer une relève équitable sans avoir à diviser l'entreprise en trois (dans le cas présent).

Puisque la valeur de l'entreprise se chiffre à 5 millions de dollars, le propriétaire a souscrit (aux frais de l'entreprise) une assurance-vie de 10 millions de dollars. À son décès, la totalité des actions de l'entreprise reviendra au fils qui contribue déjà à la direction, ce qui garantira la poursuite des activités commerciales. Les 10 millions de dollars de l'assurance-vie seront répartis entre la fille du propriétaire et son autre fils.

Un grave problème couve au Canada : tout indique que d'ici les dix prochaines d'années, le nombre de jeunes gens souhaitant prendre la relève d'entreprises établies, même s'il s'agit de celles qu'ont bâties leurs parents, ira décroissant. En raison de cet état de fait, nombreux sont les propriétaires d'entreprises qui ne disposent d'aucun plan de relève.

Pour ceux qui ont la chance de pouvoir compter sur un successeur naturel, un fils ou une fille qui désire assumer la direction, il importe de comprendre et d'apprécier le fait que son enfant investira la plus grande partie de sa vie dans cette entreprise. Comme l'illustre la situation réelle qui précède, répartir l'entreprise à parts égales entre les trois enfants ne constitue peut-être pas la meilleure solution, ni pour assurer la relève ni pour rendre justice à celui des enfants qui reprendra le flambeau. Le propriétaire doit par conséquent se demander si la répartition égale de l'entreprise entre ses enfants représente vraiment la stratégie la plus pertinente. S'attend-il à ce que celui ou celle qui prendra sa relève doive donner une partie de ses profits aux autres jusqu'à la fin de ses jours? Nous sommes quotidiennement témoins des dégâts que provoque ce genre de décision, non seulement au sein de l'entreprise, mais dans la famille également. Il est donc primordial pour la poursuite des activités de l'entreprise que son propriétaire comprenne toutes les possibilités qui lui sont offertes et la façon dont il peut en assurer le financement. Finalement, l'assurance-vie pourrait bien se révéler pour lui le moyen le plus efficace de faire preuve d'équité à l'égard de ses enfants.

Je précise également qu'il importe de se doter de la garantie pertinente afin d'éviter que le successeur se trouve dans l'obligation de vendre une partie de l'entreprise pour acquitter les impôts au décès du propriétaire.

Pendant que vous êtes encore en santé, il serait judicieux de réunir toute la famille pour discuter de l'avenir de l'entreprise. De cette façon, vous éviterez le pire : diviser la famille en raison d'une décision que vous auriez prise en vase clos.

Examinons cette stratégie de plus près.

STRATÉGIE DE RELÈVE

L'évaluation exhaustive que nous effectuons consiste notamment à nous assurer que le testament et la fiducie du propriétaire de l'entreprise sont en règle. Ces indispensables documents peuvent jouer un rôle de premier plan dans la poursuite des activités commerciales après son décès.

Voici le scénario dont nous sommes trop souvent témoins.

Le propriétaire a travaillé pendant trente ans à bâtir une entreprise prospère. Parce qu'il aime ses deux enfants, il indique dans son testament qu'à sa mort, les actions de son entreprise seront partagées également entre eux. Après tout, ce n'est que justice, non?

Supposons toutefois que sa fille a travaillé à ses côtés au cours des quinze dernières années. Elle aime l'entreprise familiale, en connaît tous les rouages, a noué des relations avec les employés et les clients, et c'est vers elle que se tourne le propriétaire pour s'assurer que le travail est effectué, quelles que soient les circonstances.

En revanche, son fils a fait des études en médecine vétérinaire et travaille pour l'instant dans une autre région. Il n'a jamais manifesté d'intérêt pour l'entreprise familiale, se consacre entièrement à sa nouvelle profession, et prévoit ouvrir un jour sa propre clinique.

Au décès de leur père, lorsque la fille prendra les rênes de l'entreprise, elle doit s'attendre à remettre à son frère la moitié de tous les profits qu'elle réalisera et cela, jusqu'à la fin de sa carrière. Or, celui-ci, qui n'a jamais collaboré à l'exploitation de l'entreprise, encaissera cet argent en plus des revenus substantiels que lui procurera sa profession de vétérinaire.

Le propriétaire de l'entreprise qui souhaitait répartir le fruit d'une vie de labeur équitablement entre ses deux enfants a-t-il vraiment su établir un juste partage? Sa fille qui devra faire don de la moitié de ses gains à son frère jusqu'à l'âge de la retraite répondra sans doute par la négative.

Plutôt que de provoquer une dispute entre ses enfants après sa mort, le propriétaire de l'entreprise doit comprendre qu'il existe une meilleure façon de résoudre la question de la relève. Dans ce genre de situations, nous suggérons souvent que la totalité des actions de l'entreprise revienne à l'enfant qui y joue un rôle actif, ce qui contribue également à assurer la poursuite de l'exploitation. Nous veillons ensuite à ce que l'autre enfant reçoive une somme ou des biens qui égalent la valeur de l'entreprise au moment du décès de son propriétaire.

Disons par exemple que l'entreprise vaut 5 millions de dollars à la mort du propriétaire. Sa fille héritera de la totalité des actions, et son fils recevra l'équivalent de 5 millions en liquidités ou en autres actifs. Le père possède peut-être un chalet ou d'autres biens qu'il peut léguer au fils. Avec le propriétaire de l'entreprise, nous travaillons à établir un partage équitable.

Si les actifs se trouvent en grande partie immobilisés dans l'entreprise comme c'est bien souvent le cas, nous veillons à ce que le montant de l'assurance-vie suffise à constituer la part de l'héritage revenant au fils.

L'un des propriétaires avec lesquels nous avons collaboré m'a un jour affirmé que dans une entreprise familiale, le pouvoir ne pouvait pas se partager. Ses propos ont confirmé ce que les années m'avaient appris, à savoir qu'il importe de choisir celui des enfants qui assurera la direction après votre décès, tout en veillant à ce que les autres reçoivent une contrepartie équitable sans rapport avec les actions de l'entreprise.

Avant d'apporter des modifications à son testament ou à sa fiducie, le propriétaire de l'entreprise aurait tout intérêt à réunir ses enfants et à discuter avec eux de ce qu'il prévoit faire. En règle générale, les membres de la famille parviennent à s'entendre, ce qui contribue à éviter les querelles et l'animosité à long terme entre frères et sœurs par la suite. Pour ce qui est de la sœur et du frère dont il est question dans cet exemple, tous deux se sont dits ravis de ce nouveau plan.

STRATÉGIE DE RELÈVE EN L'ABSENCE D'UN SUCCESSEUR NATUREL

Comme je l'ai fait valoir précédemment, il importe pour les propriétaires d'entreprises de se doter d'une stratégie de sortie. Certaines entreprises perdent presque toute leur valeur, ou n'ont que celle de la marchandise se trouvant à l'intérieur du commerce si aucun des employés n'est en mesure de prendre la relève lorsque le propriétaire prend sa retraite. Soyons réalistes : les concurrents préféreront voir mourir l'entreprise plutôt que d'en faire l'acquisition puisqu'ils savent que les clients se tourneront vers eux de toute façon. Dans le meilleur des cas, l'un d'eux la rachètera à vil prix.

Si vous souhaitez bénéficier de la pleine valeur de votre entreprise lorsque sonnera l'heure de la retraite, il faut prévoir un successeur (en l'absence d'un successeur naturel – fils, fille, frère, nièce, etc.). Il est essentiel de planifier pour la raison suivante : au Canada, lorsque vous vendez les actions de votre entreprise, vous avez droit à une exemption d'impôt de 800 000 $ sur les gains en capital. Ce montant équivaut à 1,6 million de dollars en revenu imposable. Ainsi, la vente de vos actions à un acheteur sérieux vous permet d'obtenir une somme importante exempte d'impôt, et d'améliorer grandement votre train de vie à l'étape de la retraite.

Entre cinq et dix ans avant le moment où vous comptez prendre votre retraite, adjoignez-vous les services d'un jeune entrepreneur que vous formerez et qui prendra la relève en temps opportun. Enseignez à cette personne le fonctionnement de l'entreprise et présentez-lui vos clients. Puis, lorsque vous aurez pris la décision de partir à la retraite, vendez-lui les actions : ce successeur déterminé prendra le relais avec ferveur.

Je ne saurais trop insister sur l'importance que vous devez accorder à cette réflexion. Les propriétaires d'entreprises prospères sont accaparés à un point tel par leur travail, qu'il ne leur reste souvent qu'un an ou deux avant la retraite lorsqu'ils songent à se trouver un successeur. Sait-on jamais : il se peut que la première personne sur laquelle vous arrêtez votre choix ne soit pas la bonne et que vous ayez à chercher un autre candidat ou une autre candidate. Prévoyez assez de temps pour trouver la relève parfaite.

En formant la bonne personne qui rachètera vos actions lorsque vous prendrez votre retraite, vous pourrez non seulement vendre à sa juste valeur l'entreprise que vous avez bâtie au fil des ans, mais également préparer votre successeur de telle sorte que les clients lui accordent leur confiance. Comme ils connaîtront déjà cette personne puisqu'elle sera sur les lieux depuis un certain temps, ils continueront de faire affaire avec l'entreprise après votre départ. Et rien ne vous empêche de conclure avec votre acquéreur une entente selon laquelle vous resterez sur les lieux à temps partiel ou à temps plein après la vente en vue d'assurer une transition en douceur. Voilà ce que j'appelle une planification financière judicieuse.

En partant à la retraite, vous avez le choix : soit fermer votre entreprise ou vendre vos actions à un prix ridicule et renoncer à encaisser une somme exempte d'impôt, soit planifier tôt votre relève et bénéficier au maximum du fruit de toutes vos années de labeur.

STRATÉGIE RELATIVE À L'IMPÔT SUR LES GAINS EN CAPITAL

Il a été question de cette stratégie au Chapitre 5, mais il m'apparaît nécessaire de l'aborder ici dans la perspective de la relève d'une entreprise comportant un important patrimoine immobilier. Nous nous penchons en ce moment sur la situation d'un investisseur de soixante-dix-huit ans dont la fortune se chiffre à quelque 15 millions de dollars. Son portefeuille immobilier se compose de propriétés résidentielles et commerciales locatives. L'écart entre la valeur actuelle de ces immeubles et le prix payé lors de leur acquisition – en d'autres termes, les gains en capital – est de l'ordre de 10 millions de dollars, imposés à 25 %. À son décès, l'impôt à acquitter sur les gains en capital s'élèvera à 2,5 millions de dollars. C'est ce que devront payer ses héritiers, c'est-à-dire sa conjointe et ses enfants.

La meilleure solution aurait consisté à verser ces 2,5 millions dans un compte bancaire ou à les investir en vue de régler l'impôt, mais notre client ne l'a pas fait. Les investisseurs immobiliers ne possèdent souvent que peu de liquidités, car à peine disposent-ils d'une somme suffisante, qu'ils s'empressent de l'utiliser pour acquérir un nouvel immeuble. Convaincus à juste titre que l'immobilier constitue un formidable investissement, ils refusent de laisser cet argent dormir à la banque ou dans un autre placement à faible rendement.

Le client m'indique que sa succession va devoir hypothéquer certains immeubles pour acquitter cet impôt de 2,5 millions de dollars.

Mais je sais d'expérience que les investisseurs ont également tendance à utiliser toute la valeur nette d'une propriété pour en acheter une autre : il est donc fréquent que les bénéficiaires ne puissent même pas obtenir d'hypothèque.

Je lui fais valoir que même si ses héritiers parviennent à obtenir une hypothèque pour acquitter l'impôt sur les gains en capital, l'intérêt qu'il leur faudra payer sur cet emprunt sera imposable, puisqu'il n'est pas utilisé dans le but de gagner un revenu et qu'il ne s'agit donc pas d'une dépense d'entreprise. J'ajoute que l'assurance-vie constituerait le meilleur moyen de faire face à ce paiement de 2,5 millions et que, compte tenu de son âge, cette police lui coûterait sans doute 350 000 $ par année. Il estime bien sûr qu'il s'agit d'un gros montant, mais lorsque je lui apprends qu'il peut souscrire une assurance-vie sans que ses liquidités s'en trouvent trop touchées, il m'écoute attentivement... non sans m'avoir demandé s'il n'y aurait pas un piège derrière tout ça.

Je lui explique que mon entreprise fait affaire avec des banques qui acceptent d'ouvrir des marges de crédit pour permettre à nos clients de régler la prime d'une assurance-vie avec participation. Au départ, la banque consent à garantir le prêt jusqu'à concurrence de 90 % de la valeur de rachat brute de l'assurance et des biens immobiliers de l'investisseur. Elle acquitte donc les 350 000 $ que coûte annuellement l'assurance-vie avec participation, laquelle fructifie à un taux d'intérêt avoisinant le taux préférentiel. Notre stratégie consiste à veiller à ce que le montant de l'assurance-vie suffise toujours à couvrir les 2,5 millions de dollars qui seront dus à l'impôt, plus la valeur de la marge de crédit. Dans le présent exemple, fondé sur l'espérance de vie du client, c'est-à-dire dix ans, nous faisons en sorte que ce dernier dispose de 6 millions de dollars, ce qui inclut les 2,5 millions grâce auxquels ses héritiers acquitteront l'impôt sur les gains en capital, ainsi que la somme nécessaire au remboursement à la banque de la marge de crédit ayant servi à payer la prime annuelle et les intérêts afférents. Chacun y trouve son compte!

À son décès, sa famille pourra continuer d'exploiter l'entreprise sans devoir vendre une partie des immeubles pour régler l'impôt. Elle évitera par surcroît un problème grave et fréquent.

Supposons qu'il y a dix ans, l'investisseur a acquis un immeuble au coût de 300 000 $. Cet immeuble vaut aujourd'hui un million de dollars, mais à mesure qu'a augmenté sa valeur nette, l'investisseur l'a utilisée pour acquérir une autre propriété, de sorte que l'hypothèque s'élève maintenant à 800 000 $. Lorsque ses héritiers la vendront un million de dollars, ils ne toucheront donc que 200 000 $. Mais c'est sans compter qu'il leur faudra régler l'impôt sur les gains en capital calculé sur 700 000 $, soit 175 000 $ (la valeur actuelle d'un million – le prix d'origine de 300 000 $ x le taux d'imposition de 25 %). Cela ne leur laisse que 25 000 $ à affecter au paiement des 2,5 millions de dollars d'impôt qu'il leur reste encore à acquitter. Ils perdent non seulement l'immeuble d'un million, mais également les revenus de sa location qu'avait touchés l'entreprise.

Pour les héritiers, le pire des scénarios consiste à se trouver pressés de payer l'impôt sur les gains en capital à l'intérieur du bref délai que leur accorde le gouvernement. Et que feront-ils si le marché est à la baisse? En s'appuyant sur le principe de la juste valeur marchande, le gouvernement a établi la valeur de l'immeuble à un million de dollars. Mais les héritiers ne pourront en obtenir que 800 000 $, lesquels iront directement à la banque afin de rembourser l'hypothèque. Eux qui n'ont pas reçu d'argent pour régler les 2,5 millions doivent maintenant d'autres impôts sur l'immeuble.

Les investisseurs immobiliers auront tôt fait de comprendre que leur succession laissera tout à l'impôt. La meilleure solution consiste à souscrire une assurance-vie dont le montant couvrira celui de l'impôt sur les gains en capital. L'assurance-vie résout à merveille ce type de problèmes : elle permet de régler tous les impôts à payer au décès du propriétaire de l'entreprise.

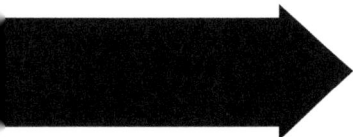

CHAPITRE 10

EN COMPLÉMENT

STRATÉGIES RELATIVES AU DON PLANIFIÉ

u cours de ma carrière de conseiller en sécurité financière, j'ai eu le plaisir de collaborer avec des propriétaires d'entreprises prospères qui partageaient mes valeurs. Mes clients sont souvent des gens comme moi, qui aiment leur famille et non seulement souhaitent voir la génération suivante partir avec une longueur d'avance, mais comptent faire le nécessaire pour l'aider.

De plus, ces propriétaires d'entreprises prospères s'empressent généralement de redonner à la communauté dans laquelle ils vivent. Donner du temps et de l'argent procure une indéniable satisfaction personnelle, mais contribue surtout à garantir un avenir meilleur à tous les habitants d'une ville, grande ou petite, d'une province et ultimement, d'un pays.

Vous pouvez commencer en apportant une contribution mensuelle en temps et en argent à la fondation de votre choix. En fait, nous croyons à un point tel à l'importance de redonner, que nous invitons tous nos clients à intégrer une stratégie de don planifié directement à leur budget annuel.

Bien sûr, je me consacre moi aussi avec passion à des causes qui me sont chères et si vous hésitez quant à l'organisme à soutenir, c'est avec plaisir que je vous ferai des suggestions.

Depuis quelques années, je suis engagé auprès de la Fondation des étoiles, laquelle appuie la recherche sur les maladies infantiles. De plus, j'ai récemment commencé à collaborer avec la Fondation des maladies du cœur du Québec en prenant part à l'un de ses comités. Cette fondation s'emploie à promouvoir une vie saine, exempte de maladie du cœur et d'AVC à l'échelle de la province. En qualité d'organismes axés sur la recherche, la Fondation des étoiles et la Fondation des maladies du cœur du Québec peuvent réaliser des travaux d'une portée considérable. Évidemment, il importe de donner de l'argent, mais les membres de mon équipe et moi aimons beaucoup participer aux événements qui visent à appuyer ces importantes fondations, et contribuer à leur organisation.

Par ailleurs, chaque année, juste avant Noël, je communique avec trois à cinq familles défavorisées aux prises avec de graves difficultés financières. Il s'agit le plus souvent de familles monoparentales ayant besoin d'un coup de main. J'accompagne le parent à l'épicerie afin qu'il remplisse ses armoires avant les Fêtes et je m'assure que la famille obtient les gâteries qu'elle ne peut se permettre au cours de l'année. Je donne pour le plaisir de donner, sans rien attendre en retour : un aspect de ma vie particulièrement gratifiant.

À titre de propriétaire d'une entreprise prospère s'étant dotée de solides stratégies financières, vous léguerez une grande partie de votre patrimoine à votre conjointe et à vos enfants. Mais qu'en sera-t-il des fondations et des organismes caritatifs qui vous sont chers?

Si la mission de l'un ou de plusieurs d'entre eux vous tient à cœur, vous pouvez les désigner comme bénéficiaires d'une partie de votre assurance-vie. Vous atteindrez ainsi deux visées majeures : d'une part, un don important à un hôpital ou à une fondation peut se révéler déterminant pour l'avenir de nombreuses personnes; d'autre part, une contribution substantielle issue de votre assurance-vie présente des avantages fiscaux. Un don généreux à la fondation de votre choix donnera lieu à une déduction fiscale sur votre dernière déclaration de revenus.

Nous espérons que ces nombreuses stratégies fiscales que nous contribuons à établir offriront en retour à nos entreprises clientes la possibilité de servir leur communauté en faisant don d'une petite partie de leurs profits. Il est si facile d'intégrer un don au budget d'une entreprise, compte tenu des multiples avantages fiscaux que présente le partage de sa richesse!

GAGNER LA COURSE

ue vous soyez un professionnel autonome amorçant sa carrière ou le propriétaire chevronné d'une entreprise prospère, il existe de multiples stratégies financières qui vous facilitent la tâche de bâtir et de protéger votre patrimoine.

L'expérience nous a amenés à constater que les professionnels autonomes entreprennent souvent leur carrière sans trop savoir comment s'y prendre pour planifier leur avenir financier. Nous pouvons les aider en les orientant le plus tôt possible vers la bonne voie afin qu'ils puissent se consacrer à leur travail.

Je me spécialise pour ma part dans l'aide aux propriétaires d'entreprises prospères. Au fil des ans, ma société a mis au point une approche non traditionnelle en ce qui touche la résolution de problèmes, ainsi que la protection et la croissance du patrimoine. Une connaissance approfondie de produits financiers particuliers me permet d'aider les propriétaires d'entreprises à tirer parti des meilleurs avantages fiscaux qu'autorise la loi. Ne croyez surtout pas que vos autres conseillers financiers ont omis de vous faire part de ces stratégies : très souvent, ils ne les connaissent tout simplement pas. Enfin, quelle que soit votre destination, nous serons là pour vous guider vers le meilleur parcours possible.

NOTES DE FIN

1 Pour plus de renseignements sur l'histoire du REER au Canada, consultez le site www.canada.com et cherchez « RRSP ».

2 « L'incapacité au Canada : premiers résultats de l'Enquête canadienne sur l'incapacité », Statistique Canada, 30 novembre 2015, http://www.statcan.gc.ca/pub/89-654-x/89-654-x2013002-fra.htm

3 Julie Cazzin, « Disability insurance: Preparing for the worst », *Money-Sense*, 30 janvier 2012, http://www.moneysense.ca/magazine-archive/disability-insurance-preparing-for-the-worst

4 Fondation des maladies du cœur et de l'AVC, http:// www.coeuretavc.ca

5 Legal & General, 2015 Claims Report—Critical Illness and Terminal Illness, 2015, http://www.legalandgeneral.com/library/protection/sales-aid/W13943.pdf

www.ingramcontent.com/pod-product-compliance
Lightning Source LLC
Chambersburg PA
CBHW050508210326
41521CB00011B/2368